Kathirvel Ayyaswamy
Anthony Raj A.
Naren Kathirvel

Sistema bancário seguro baseado em cadeia de blocos

CAPÍTULO 1 : INTRODUÇÃO

1.1 CADEIA DE BLOCOS

A cadeia de blocos é um tipo de estrutura de cadeia que liga blocos de dados por ordem cronológica e utiliza criptografia para formar um registo distribuído inviolável e imperdoável. Por outras palavras, desde que os participantes numa transação possam confiar na exatidão e integridade do livro-razão, não há necessidade adicional de confiança. A razão é que o registo na cadeia de blocos é amplamente distribuído e validado pelos pares, sendo assim imutável. Tem um grande potencial para influenciar o sistema de computação em nuvem com caraterísticas de segurança eficientes. As transacções na cadeia de blocos são garantidamente seguras e protegidas sem a necessidade de um terceiro de confiança. A integração da cadeia de blocos com a computação em nuvem está a revolucionar os sectores para melhor, incluindo sectores importantes como os cuidados de saúde, a agricultura, as finanças e outros. Assim, a combinação da cadeia de blocos e da nuvem para desfrutar de mais segurança e descentralização, que traz melhor autorização, privacidade e eficiência, é o caminho a seguir e a olhar para o futuro. A questão central da auditoria de integridade de dados na nuvem é a falta de confiança mútua entre as partes envolvidas no sistema de auditoria de integridade. A cadeia de blocos oferece uma nova solução para resolver os problemas de confiança entre as três partes no sistema de auditoria pública.

O algoritmo de consenso utilizado na cadeia de blocos consiste em gerar e atualizar dados de transacções entre pares para garantir que o livro-razão é imutável e, por conseguinte, muito adequado para a segurança dos dados na nuvem. Pode ser tratado como um terceiro de confiança para neutralizar as preocupações dos utilizadores no ambiente de computação em nuvem devido às suas caraterísticas de verificação aberta e à prova de adulteração. Todos os dados podem ser tratados como transacções a publicar na cadeia de blocos para autenticação de todos os utilizadores da cadeia de blocos. Por conseguinte, ao introduzir a cadeia de blocos na computação em nuvem, as vantagens da cadeia de blocos podem colmatar a falta de segurança do sistema de computação em nuvem, o que pode proporcionar aos utilizadores uma segurança de dados mais eficaz.

1.2 VISÃO GERAL TÉCNICA DA CADEIA DE BLOCOS

A cadeia de blocos é uma tecnologia de registo digital descentralizada e distribuída que regista de forma segura as transacções em vários nós de uma rede peer-to-peer. Inicialmente introduzida como a tecnologia subjacente à Bitcoin por Satoshi Nakamoto em 2008, a cadeia de blocos evoluiu para além das criptomoedas, tornando-se uma tecnologia fundamental para várias indústrias, particularmente para transacções financeiras seguras.

Na sua essência, a cadeia de blocos funciona através de uma cadeia de blocos, em que cada bloco contém um conjunto de dados de transação. Cada bloco é criptograficamente ligado ao bloco anterior através de uma função de hash, criando uma estrutura resistente à adulteração. O hash não só faz referência ao bloco anterior, como também garante que quaisquer alterações aos dados de um bloco alterarão o hash, sinalizando assim uma adulteração. A Blockchain baseia-se em mecanismos de consenso, como a Prova de Trabalho (PoW) ou a Prova de Participação (PoS), para validar e concordar com as transacções na rede. Este processo de verificação descentralizado elimina a necessidade de uma autoridade central, aumentando a transparência e a segurança. Uma vez validadas, as transacções são permanentemente registadas na cadeia de blocos, tornando os dados imutáveis. Em aplicações financeiras, a cadeia de blocos oferece várias vantagens importantes: registos de transacções seguros, transparentes e auditáveis, menor dependência de intermediários e um maior grau de confiança entre os participantes. Estas caraterísticas fazem da cadeia de blocos uma tecnologia essencial para garantir a integridade dos dados e reforçar a segurança nos sistemas bancários e financeiros modernos.

1.3 ÂMBITO E OBJECTIVOS DO PROJECTO

O âmbito deste projeto envolve o desenvolvimento de uma aplicação bancária de alta segurança que integra a autenticação facial e a tecnologia de cadeia de blocos para salvaguardar as transacções financeiras e os dados dos utilizadores. A aplicação foi concebida para instituições financeiras que necessitam de uma solução escalável e segura para transacções digitais. O projeto visa criar uma aplicação bancária de alta segurança que utiliza a autenticação facial e a tecnologia de cadeia de blocos, abordando os desafios das medidas de segurança tradicionais no sector bancário digital cada vez mais dependente. Esta aplicação utiliza a autenticação facial e a cadeia de blocos para um controlo de acesso seguro e uma gestão transparente das transacções, assegurando que apenas os utilizadores verificados podem aceder e evitando fraudes e modificações não autorizadas. consiste em dois módulos, tais como o módulo do cliente para o registo do utilizador e o módulo do administrador do banco para a geração de ID e PIN UPI, centrando-se na segurança em várias camadas utilizando a autenticação facial e a cadeia de blocos. Além disso, o sistema foi concebido para ser flexível, permitindo uma integração simples com as infra-estruturas financeiras existentes. É escalável para acomodar futuros avanços, como a adição de mais recursos biométricos ou a expansão para operações bancárias mais complexas. Também segue normas modernas de cibersegurança, garantindo a segurança das informações sensíveis e proporcionando uma experiência bancária fiável e eficiente.

1.4 OBJECTIVOS

- Implementar um processo de autenticação em três fases com autenticação facial para um acesso seguro do utilizador.
- Utilizar a tecnologia blockchain para garantir um registo descentralizado e inviolável para a transparência das transacções.
- Aplicar a encriptação AES e SHA-256 para proteger informações sensíveis e cumprir as normas de cibersegurança

1.5 AUTENTICAÇÃO DE FACE UTILIZANDO A CADEIA DE BLOCOS

A autenticação facial é um poderoso método de segurança biométrica que utiliza o reconhecimento facial para verificar a identidade de um utilizador. Quando combinada com a tecnologia de cadeia de blocos, cria um sistema altamente seguro e à prova de adulteração para aplicações sensíveis, como a banca. A cadeia de blocos garante que cada tentativa de autenticação é registada num livro-razão imutável, tornando impossível alterar ou adulterar o processo de verificação. Este registo descentralizado garante transparência e segurança, eliminando o risco de acesso não autorizado ou fraude. Ao armazenar dados faciais encriptados na cadeia de blocos, o sistema aumenta ainda mais a privacidade e protege as informações do utilizador contra violações. A integração da autenticação facial com a cadeia de blocos fornece uma solução robusta e escalável que reforça a segurança geral, tornando-a uma escolha ideal para salvaguardar as transacções financeiras e os dados sensíveis dos utilizadores.

1.6 ALGORITMO UTILIZADO NA TECNOLOGIA DE CADEIA DE BLOCOS

B A tecnologia lockchain utiliza uma série de algoritmos criptográficos e ambientes seguros para garantir a integridade, a confidencialidade e a segurança das transacções. Segue-se uma visão geral dos principais algoritmos e ambientes seguros utilizados neste projeto

1.7 AMBIENTE DE EXECUÇÃO FIÁVEL (TEE)

O Trusted Execution Environment (TEE) é uma área segura dentro de um processador que fornece um espaço seguro para a execução de operações sensíveis, tais como cálculos criptográficos e gestão de chaves privadas. Está isolado do sistema operativo principal, protegendo as tarefas críticas de interferências maliciosas. Nos sistemas de blockchain, o TEE garante que os dados e processos sensíveis, como a verificação e assinatura de transacções, são executados de forma segura, impedindo o acesso não autorizado e a adulteração.

1.7.1 AMBIENTE DE EXECUÇÃO AVANÇADO (REE)

O Rich Execution Environment (REE) refere-se ao ambiente operativo padrão num dispositivo onde a maioria das aplicações e processos do sistema operativo são executados. Embora o REE lide com tarefas gerais, é menos seguro do que o TEE, tornando-o vulnerável a ataques. No entanto, em aplicações blockchain, o REE interage com o TEE para descarregar operações sensíveis para um ambiente seguro, mantendo o desempenho e garantindo a proteção de operações críticas. O REE é responsável por lidar com operações não sensíveis que não requerem o mesmo nível de segurança que o TEE.

1.7.2 NORMA AVANÇADA DE ENCRIPTAÇÃO (AES)

O AES é um algoritmo de encriptação simétrica amplamente utilizado que protege os dados encriptando-os com uma chave secreta. Tanto a criptografia quanto a descriptografia usam a mesma chave, garantindo que apenas as partes autorizadas possam acessar os dados. Na blockchain, o AES é utilizado para proteger informações sensíveis, como detalhes de transacções, credenciais de utilizador e comunicações. A sua velocidade e segurança tornam-no ideal para encriptar grandes volumes de dados sem comprometer o desempenho.

1.7.3 ALGORITMO DE HASH SEGURO 256 (SHA-256)

SHA-256 é uma função hash criptográfica utilizada para gerar um hash de 256 bits de tamanho fixo a partir de quaisquer dados de entrada. É fundamental na blockchain para proteger os dados de transação e garantir a integridade dos blocos. O SHA-256 garante que qualquer modificação nos dados de um bloco resultará em um hash completamente diferente, facilitando a deteção de adulterações. É também fundamental para o mecanismo de consenso de prova de trabalho, em que os mineiros resolvem puzzles complexos baseados em SHA-256 para validar e adicionar novos blocos à cadeia de blocos.

CAPÍTULO 2: PESQUISA BIBLIOGRÁFICA

2.1 GERAL

Uma revisão da literatura é um resumo e uma avaliação exaustivos da investigação existente sobre um determinado tópico. Reúne estudos, artigos e outras fontes académicas para dar uma visão geral do que já foi descoberto e discutido. O principal objetivo de uma revisão da literatura é não só informar o leitor sobre os conhecimentos actuais sobre um determinado assunto, mas também analisar e interpretar essa informação para identificar padrões, debates e lacunas na investigação.

Embora seja importante resumir os resultados de cada fonte, uma revisão da literatura vai além de apenas listar o que cada estudo encontrou. Também sintetiza a informação, o que significa combinar ideias de diferentes fontes para criar uma compreensão mais alargada do tópico.

Este processo pode implicar encontrar ligações entre estudos, destacar novas perspectivas ou mostrar como um campo de investigação se desenvolveu ao longo do tempo.

A revisão da literatura é uma parte essencial de qualquer projeto de investigação. Garante que os investigadores se baseiam no que já foi estabelecido, em vez de duplicarem esforços. Também ajuda a identificar onde é necessária mais investigação, orientando estudos futuros.

Ao avaliar a qualidade e a relevância do trabalho anterior, uma revisão da literatura estabelece as bases para a nova investigação, ajudando a garantir que esta contribui com algo valioso para o domínio.

2.2 REVISÃO DA LITERATURA

Título: Classificação das ciberameaças e medidas de combate no sector bancário e financeiro

Autor: Abdulbasit A. Darem et al.

Ano: 2023

Esta investigação centra-se na crescente vulnerabilidade do sector bancário e financeiro às ciberameaças, devido ao seu papel vital no tratamento de dados financeiros sensíveis e no apoio a actividades económicas fundamentais. Os autores sublinham a importância central do sector bancário na economia de uma nação e as suas estreitas ligações com outras indústrias críticas, como a saúde, o petróleo e as minas. Consequentemente, qualquer ciberataque ou perturbação significativa no sector bancário pode ter um impacto económico de grande alcance, sublinhando a necessidade de estratégias sólidas de deteção e atenuação das ciberameaças. Este estudo apresenta uma classificação pormenorizada de várias ciberameaças, organizando-as com base na sua complexidade e potencial gravidade. Este sistema de classificação fornece aos bancos um quadro claro para avaliarem os riscos que enfrentam e adaptarem as suas defesas em conformidade. Algumas das ameaças mais comuns identificadas incluem ataques de phishing , ransomware e ataques de negação de serviço (DoS), que são categorizados para ajudar as instituições financeiras a compreender os riscos específicos que representam para as suas operações. Além disso, o documento descreve abordagens técnicas e não técnicas para combater estas ameaças. Abrange soluções técnicas como a encriptação, firewalls e sistemas de deteção de intrusão, bem como medidas organizacionais como a formação dos funcionários e a conformidade com as normas regulamentares. Os autores destacam a natureza em constante evolução das ciberameaças e sublinham a importância de atualizar continuamente as medidas de segurança para acompanhar essas mudanças. De um modo geral, esta investigação sublinha o papel fundamental que uma estratégia abrangente de cibersegurança desempenha na proteção das transacções financeiras e dos dados sensíveis contra ataques maliciosos.

Título: Servindo os ODS através de Fusões Bancárias: Uma abordagem Neuro Quantum Fuzzy para os bancos do Qatar

Autor: Tamy Ahmed Ali Al-Binali et al.

Ano: 2023

Este estudo explora o papel crítico das fusões bancárias na obtenção de estabilidade financeira a longo prazo, contribuindo simultaneamente para os Objectivos de Desenvolvimento Sustentável (ODS). Os autores centram-se na determinação das estratégias de fusão mais eficazes para os bancos, utilizando uma abordagem Nero Quantum Fuzzy para equilibrar o desempenho financeiro com os objectivos dos ODS . O principal desafio abordado no estudo é como gerir a complexidade das decisões de fusão, especialmente tendo em conta a multiplicidade de factores que os bancos devem considerar, como a rentabilidade e a quota de mercado. Devido aos recursos limitados, os bancos não se podem dar ao luxo de abordar todos os factores possíveis, o que torna essencial dar prioridade aos critérios mais críticos. Para tal, os investigadores selecionaram 12 critérios baseados nos ODS para avaliar as estratégias de fusão e aplicaram a metodologia Multi Stepwise Weight Assessment Ratio Analysis (M-SWARA) para classificar estes factores de acordo com a sua importância. Os resultados do estudo revelam que a rentabilidade tem o maior peso, enfatizando o seu papel na atração de investimento e na angariação de capital para projectos alinhados com os ODS, como as energias renováveis e a habitação a preços acessíveis. A quota de mercado, o segundo fator mais importante, sublinha ainda mais a necessidade de fusões que reforcem a posição de mercado de um banco. O estudo mostra que a rendibilidade também impulsiona a inovação e o avanço tecnológico, uma vez que os bancos com mais recursos financeiros podem investir em investigação, desenvolvimento e produtos ou serviços inovadores. Estes avanços podem aumentar a capacidade do banco para contribuir para projectos de desenvolvimento sustentável, promovendo o bem-estar geral da sociedade. Ao avaliar o impacto das fusões nos objectivos financeiros e nos ODS, esta investigação fornece um quadro para os bancos alinharem as suas estratégias de fusão com objectivos sociais e ambientais mais amplos.

Título: Visão geral do sistema bancário inteligente em linha baseado em
Arquitetura Hércules

Autores: Guangsheng Luo, Wenwei Li e Yuzhong Peng.

Ano: 2020

Este documento apresenta uma abordagem inovadora aos sistemas bancários em linha, incorporando a aprendizagem automática e a conceção moderna de módulos empresariais através da arquitetura Hercules. Os autores salientam que os sistemas bancários em linha tradicionais enfrentam vários desafios, nomeadamente em termos de segurança, adaptabilidade e complexidade, dadas as rápidas mudanças no panorama da tecnologia financeira. Os sistemas existentes têm dificuldade em acompanhar a crescente procura de processos mais inteligentes, seguros e eficientes. Os autores propõem uma solução através da conceção de um sistema bancário em linha inteligente que utiliza algoritmos de aprendizagem automática para aumentar a eficiência operacional e melhorar a segurança. As principais caraterísticas desta nova arquitetura incluem depósitos inteligentes, empréstimos de colarinho branco e gestão dinâmica de transacções. O sistema foi concebido para dar resposta aos principais desafios, como a segurança das transacções e o equilíbrio de carga, garantindo que a plataforma pode tratar um elevado volume de transacções sem comprometer o desempenho ou a segurança. A arquitetura Hercules integra estas caraterísticas inteligentes para simplificar os processos bancários de base, mantendo simultaneamente fortes protocolos de segurança. Através de simulações de negócios e implementações no mundo real, a investigação mostra que o sistema oferece melhorias significativas tanto na velocidade das transacções como na segurança, quando comparado com as plataformas bancárias tradicionais. O documento também destaca o valor desta abordagem para responder às necessidades bancárias modernas, como a escalabilidade e a adaptabilidade, e reconhece que, embora altamente inovador, o sistema tem áreas para melhorias futuras. Em conclusão, o sistema bancário inteligente em linha baseado no

Hercules representa um grande avanço na tecnologia bancária, permitindo transacções em linha mais seguras e eficientes, adaptando-se simultaneamente à evolução das necessidades das empresas.

Título: Um método de avaliação orientado para o cliente para a inovação de serviços no sector bancário

Autores: Nu Dieu Khue Ngo, Roengchai Tansuchat, Pham-Van Cu, Toan Nguyen Mau, Youji Kohda e Van-Nam Huynh

Ano: 2023

Este estudo destaca a importância crescente da inovação de serviços no sector bancário, especialmente no atual ambiente competitivo impulsionado pelos rápidos avanços tecnológicos. Os autores sublinham que os bancos devem avaliar continuamente as suas inovações de serviços para se adaptarem à evolução das preferências dos clientes e permanecerem competitivos. À medida que a tecnologia remodela o panorama bancário, a prestação de serviços inovadores que satisfaçam as expectativas dos clientes torna-se crucial para o sucesso. Este documento apresenta uma nova metodologia para avaliar a inovação dos serviços, centrada na perspetiva do cliente. A inovação nos serviços é muitas vezes difícil de medir devido à sua natureza qualitativa, e as opiniões dos clientes podem variar muito. Para resolver este problema, os autores utilizam uma abordagem de tomada de decisão multicritério sob incerteza, aplicando a teoria da evidência de Dempster-Shafer para criar um modelo de avaliação. Este método ajuda os bancos a avaliar a forma como os clientes percepcionam as suas inovações, tendo em conta a incerteza do feedback. Para testar o modelo, os autores realizaram um estudo empírico que envolveu três bancos no Vietname. Os resultados mostraram que esta metodologia fornece informações valiosas sobre a forma como os clientes vêem as inovações de serviços, ajudando os bancos a identificar áreas de melhoria. Ao centrarem-se no feedback dos clientes, os bancos podem compreender melhor quais as inovações que mais os afectam e ajustar as suas estratégias para aumentar a satisfação dos clientes e manter uma vantagem competitiva. Em conclusão, o documento sublinha a importância da inovação dos serviços para o sucesso a longo prazo no sector bancário. O modelo de avaliação proposto dá aos bancos uma ferramenta prática para medir o seu desempenho em termos de inovação, garantindo que se mantêm alinhados com as necessidades dos clientes e as tendências do mercado, apoiando, em última análise, o crescimento sustentado e a competitividade.

CAPÍTULO 3 : DESCRIÇÃO DO PROJECTO

3.1 VISÃO GERAL DO SISTEMA

A aplicação bancária foi concebida para fornecer uma plataforma segura, escalável e eficiente tanto para os utilizadores como para os administradores. O principal objetivo do sistema é garantir a segurança de dados e transacções financeiras sensíveis através da utilização de medidas de segurança avançadas, como a autenticação facial, a proteção por palavra-passe e a tecnologia blockchain. O sistema facilita o registo de utilizadores, a geração de ID UPI e a gestão de transacções, com especial ênfase na prevenção da fraude e do acesso não autorizado para garantir operações bancárias seguras. Na base do sistema está um processo de verificação de três camadas que garante que todas as transacções são realizadas de forma segura. A primeira camada, a autenticação facial, é o principal método de verificação da identidade do utilizador, oferecendo uma forma rápida e segura de os utilizadores acederem às suas contas.

Este método reduz a dependência das palavras-passe tradicionais e aumenta a segurança dos processos de início de sessão. A segunda camada envolve a utilização da tecnologia de cadeia de blocos, que armazena os dados das transacções de forma segura, tornando-os invioláveis e transparentes. A imutabilidade da cadeia de blocos garante que, uma vez registados, os dados da transação não podem ser alterados, promovendo a confiança no sistema. A terceira e última camada inclui funcionalidades de segurança adicionais, como a palavra-passe , que protege ainda mais as contas dos utilizadores e acrescenta uma camada extra de defesa contra o acesso não autorizado. Para os administradores, o sistema oferece uma abordagem optimizada à gestão de utilizadores e transacções através de um conjunto de ferramentas abrangentes que simplificam os processos de integração, verificação de identidade e aprovação de transacções.

Os administradores podem gerir e monitorizar eficazmente a atividade dos utilizadores, garantindo que o sistema funciona sem problemas e de forma segura. A conceção modular do sistema também permite a fácil integração de futuras melhorias de segurança, garantindo que a plataforma se mantém adaptável às tecnologias emergentes e à evolução das ameaças. No geral, este sistema oferece uma interface de fácil utilização com medidas de segurança robustas, tornando-o uma solução fiável e segura para a banca digital moderna.

3.2 ARQUITECTURA DO SISTEMA

A aplicação bancária foi concebida com uma arquitetura modular que separa diferentes funcionalidades em componentes distintos, permitindo que cada módulo funcione de forma independente enquanto comunica com outras partes do sistema. Esta modularidade garante que a aplicação se mantém escalável e adaptável a futuras melhorias.

A arquitetura está dividida em dois módulos principais: o Módulo Cliente e o Módulo Administrador. O Módulo Cliente permite aos utilizadores registarem-se, iniciarem sessão, gerirem as suas contas e efectuarem transacções financeiras com facilidade. Inclui funcionalidades como a gestão de contas, a geração de ID e PIN UPI e a visualização do histórico de transacções.

O módulo foi concebido tendo em conta a facilidade de utilização, garantindo uma experiência sem problemas, mesmo para utilizadores com conhecimentos técnicos limitados. O módulo Admin, por outro lado, fornece aos administradores bancários ferramentas para gerir os dados dos clientes, verificar identidades e supervisionar os processos de transação. Os administradores são responsáveis pela geração de IDs e PINs UPI e têm acesso a painéis de controlo que monitorizam as actividades dos utilizadores e o desempenho do sistema.

A flexibilidade da arquitetura permite a fácil integração de novas funcionalidades e assegura que as actualizações podem ser aplicadas sem perturbar o sistema global, tornando-o altamente adaptável a requisitos futuros.

3.3 SEGURANÇA

A segurança é a pedra angular da aplicação bancária, com processos de verificação a vários níveis que garantem que todas as interações no sistema estão protegidas contra o acesso não autorizado e a fraude. O sistema utiliza um processo de verificação em três níveis.

A primeira camada envolve a autenticação tradicional do utilizador através das credenciais introduzidas durante o registo e o início de sessão. A segunda camada incorpora tecnologia de reconhecimento facial, garantindo que apenas o utilizador registado pode aceder à sua conta. Esta camada acrescenta uma verificação biométrica adicional, tornando extremamente difícil o acesso de utilizadores não autorizados.

A terceira camada centra-se na verificação da transação, em que o utilizador é obrigado a autenticar novamente a sua identidade antes de realizar acções sensíveis, como transferir fundos ou gerar um ID ou PIN UPI. Além disso, o sistema utiliza a tecnologia blockchain para proteger os dados das transacções. A cadeia de blocos cria um livro-razão imutável de todas as transacções, o que significa que os dados não podem ser adulterados depois de terem sido registados.

Esta transparência aumenta a segurança e reduz o risco de fraude, uma vez que todas as transacções são verificáveis através da rede blockchain. Além disso, a encriptação AES e as técnicas de hashing SHA-256 são utilizadas para proteger informações sensíveis, garantindo que todos os dados armazenados no sistema são encriptados e não podem ser facilmente comprometidos. Juntas, essas tecnologias fornecem uma defesa robusta contra ataques cibernéticos e violações de dados não autorizadas.

3.4 EXPERIÊNCIA E EFICIÊNCIA DO UTILIZADOR

A experiência do utilizador do sistema é fundamental para a sua conceção, com o objetivo de proporcionar aos clientes e aos administradores uma plataforma perfeita, segura e eficiente. O módulo para clientes foi concebido para ser fácil de utilizar, assegurando que os clientes podem realizar tarefas bancárias essenciais, como o registo, o início de sessão, a gestão das suas contas e a realização de transacções com o mínimo de esforço.

A interface intuitiva minimiza a curva de aprendizagem, permitindo aos utilizadores navegar no sistema sem barreiras técnicas. Os clientes beneficiam de funcionalidades como o reconhecimento facial, que simplifica o processo de início de sessão e aumenta a segurança. Além disso, podem aceder rapidamente a históricos de transacções e gerar IDs ou PINs UPI. Para os administradores, o módulo Admin oferece uma interface eficiente para gerir os dados dos clientes, verificar as identidades e supervisionar as transacções.

O módulo inclui um painel de controlo que apresenta informações em tempo real sobre o desempenho do sistema, ajudando os administradores a responder rapidamente aos pedidos dos utilizadores ou a potenciais problemas de segurança. A eficiência da aplicação estende-se ao seu desempenho sob cargas de trabalho elevadas, uma vez que está optimizada para lidar com grandes volumes de transacções simultâneas sem atrasos significativos.

Isto garante que o sistema se mantém ativo durante as horas de maior utilização, criando uma experiência tranquila tanto para os clientes como para os administradores.

3.5 FLUXO DE TRABALHO DO SISTEMA

O fluxo de trabalho global do sistema foi concebido para garantir uma progressão lógica e segura desde o registo do utilizador até à conclusão da transação. O registo do utilizador é o passo inicial, em que os clientes introduzem os seus dados pessoais e criam credenciais para iniciar a sessão. Após o registo, os utilizadores devem passar por uma verificação de reconhecimento facial para verificar a sua identidade, garantindo que apenas os indivíduos autorizados podem prosseguir para a gestão da conta.

Uma vez iniciada a sessão, os clientes podem aceder às principais funcionalidades bancárias, incluindo gestão de transacções, geração de ID UPI e configuração de PIN. Os administradores desempenham um papel fundamental neste fluxo de trabalho, verificando os dados do utilizador e aprovando acções sensíveis como a geração de ID UPI. Os administradores também têm a capacidade de monitorizar os registos de transacções através de um livro-razão baseado em blockchain, garantindo que todas as actividades são transparentes e verificáveis.

Em caso de atividade suspeita ou fraude, o administrador pode tomar medidas corretivas, como suspender contas ou assinalar transacções para análise posterior. A utilização da cadeia de blocos garante que estas intervenções são registadas de forma imutável, fornecendo uma pista de auditoria para referência futura.

O fluxo de trabalho global privilegia a segurança, a comodidade para o utilizador e o controlo administrativo, assegurando que o sistema funcione sem problemas e de forma eficiente.

CAPÍTULO 4 : SISTEMA EXISTENTE E PROPOSTO

4.1 SISTEMA ACTUAL

Os actuais sistemas bancários têm várias limitações que os tornam insuficientes para satisfazer os modernos requisitos operacionais e de segurança. Estes sistemas assentam principalmente em medidas de segurança tradicionais, como a autenticação baseada em palavras-passe e a verificação de dois factores, que são insuficientes para proteger contra as ciberameaças avançadas de hoje. A arquitetura existente destes sistemas é rígida e a sua falta de integração com tecnologias modernas, como o reconhecimento facial, a cadeia de blocos e os algoritmos de encriptação avançados, limita a sua adaptabilidade e eficácia. Além disso, a maioria dos processos de verificação de utilizadores e de aprovação de transacções é realizada manualmente, o que resulta em ineficiências, atrasos e na possibilidade de erro humano. Além disso, a velocidade de processamento das transacções nestes sistemas é frequentemente lenta, especialmente sob cargas pesadas, afectando negativamente a experiência do utilizador. Outra grande preocupação é o sistema centralizado de gestão de dados. Além disso, a velocidade de processamento das transacções nestes sistemas é frequentemente lenta, especialmente sob cargas pesadas, o que afecta negativamente a experiência do utilizador. Outra grande preocupação é o sistema centralizado de gestão de dados, que apresenta um elevado risco de pontos únicos de falha, tornando-o suscetível a ataques informáticos.

Por último, os sistemas existentes estão desactualizados, carecem de flexibilidade e não oferecem a escalabilidade e a segurança exigidas no ambiente bancário digital em rápida evolução dos dias de hoje.

4.2 DESVIOS

O sistema atual assenta numa autenticação baseada em palavras-passe desactualizada e carece de técnicas criptográficas avançadas, como a encriptação AES e o hashing SHA-256. Isto deixa os dados sensíveis dos utilizadores vulneráveis a violações e ao acesso não autorizado, aumentando o risco de ciberataques.

A arquitetura existente tem dificuldade em lidar eficazmente com um número crescente de transacções e utilizadores. À medida que o volume de transacções aumenta, o sistema sofre tempos de processamento lentos e um desempenho reduzido, o que tem um impacto negativo na experiência do utilizador e na eficiência operacional.

A dependência de processos manuais para tarefas como a verificação do utilizador e a aprovação de transacções introduz ineficiências e aumenta o risco de erro humano. Este facto não só torna as operações mais lentas, como também torna o sistema mais propenso a fraudes e atrasos operacionais.

4.3 SISTEMA PROPOSTO

O sistema proposto apresenta uma solução moderna, altamente segura e escalável, concebida para ultrapassar as limitações dos sistemas bancários tradicionais. Integra várias tecnologias de ponta, incluindo Verificação em Três Camadas, Encriptação AES , SHA-256

Hashing e tecnologia Blockchain. Estas tecnologias trabalham em conjunto para aumentar a segurança, a transparência e a eficiência. O Sistema de Verificação de Três Camadas inclui TEE (Trusted Execution Environment), REE (Rich Execution Environment) e Tecnologia de Reconhecimento Facial, proporcionando uma camada adicional de segurança ao garantir que apenas os utilizadores autorizados podem aceder ao sistema. A arquitetura modular do sistema permite uma integração perfeita de funcionalidades de segurança adicionais, proporcionando escalabilidade e flexibilidade para satisfazer as necessidades crescentes do ambiente bancário digital.

4.4 MELHORIAS DE SEGURANÇA

O sistema proposto aumenta a segurança através da implementação de um sistema de verificação de três camadas, que combina TEE, REE e tecnologia de reconhecimento facial. A TEE isola o processamento de dados sensíveis de outras operações, proporcionando um ambiente seguro para o tratamento de informações críticas. O REE, por outro lado, gere tarefas menos críticas, mantendo um equilíbrio entre desempenho e segurança. A tecnologia de reconhecimento facial acrescenta uma camada extra de autenticação, garantindo que apenas os utilizadores legítimos podem aceder às suas contas e efetuar transacções. Esta abordagem multi-camadas reduz significativamente o risco de acesso não autorizado, fraude e violações de dados.

4.4.1 ENCRIPTAÇÃO AES

No sistema proposto, a encriptação AES desempenha um papel crucial na segurança dos dados do utilizador e dos detalhes da transação. O AES, um algoritmo de encriptação robusto e amplamente reconhecido, transforma dados de texto simples em texto cifrado ilegível, garantindo a confidencialidade. Apenas os utilizadores autorizados podem desencriptar os dados, impedindo assim o acesso não autorizado. Ao implementar o AES, o sistema garante que as informações sensíveis, tais como detalhes de contas pessoais e transacções financeiras, estão protegidas contra ameaças externas e ataques informáticos.

4.4.2 HASHING SHA-256

Para aumentar ainda mais a segurança, o sistema utiliza o hashing SHA-256 para garantir a integridade dos dados. O algoritmo SHA-

256 gera um valor de hash exclusivo para cada entrada de dados, facilitando a deteção de qualquer adulteração ou modificação não autorizada. Mesmo a mais pequena alteração nos dados resulta num valor de hash completamente diferente, alertando o sistema para potenciais problemas de segurança. O SHA-256 é conhecido pela sua resistência à colisão, o que significa que é praticamente impossível que duas entradas de dados diferentes produzam o mesmo valor de hash. Isto garante que o sistema mantém um elevado nível de confiança e integridade no tratamento dos dados e transacções dos utilizadores.

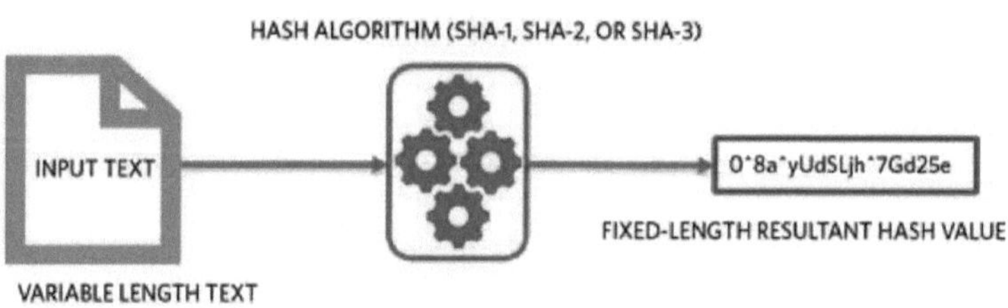

Fig 4.1 PROCESSAMENTO DE HASH

4.4.3 INTEGRAÇÃO DA CADEIA DE BLOCOS

A tecnologia Blockchain está integrada no sistema proposto para fornecer um livro-razão imutável para todas as transacções. Uma vez registadas na cadeia de blocos, as transacções não podem ser alteradas ou apagadas, garantindo que o histórico de transacções permanece transparente e verificável. Esta caraterística reduz significativamente o risco de fraude e aumenta a segurança geral da plataforma bancária. A natureza descentralizada da cadeia de blocos garante que nenhuma entidade individual possa controlar os dados, mantendo assim um sistema seguro e fiável.

4.4.4 CRIAÇÃO DO QUADRO DE SEGURANÇA

A estrutura de segurança do sistema proposto é concebida utilizando uma combinação de encriptação AES, hashing SHA-256 e tecnologia de cadeia de blocos. Esta abordagem em várias camadas garante que os dados do utilizador são protegidos em todas as fases, desde o registo da conta até à conclusão da transação. O sistema de reconhecimento facial reforça ainda mais a segurança, permitindo que apenas utilizadores autorizados acedam a funcionalidades sensíveis. Em conjunto, estas tecnologias criam uma infraestrutura de segurança robusta e resiliente que pode proteger eficazmente contra fraudes, violações de dados e ataques cibernéticos.

4.5 IMPLEMENTAÇÃO DE FUNCIONALIDADES AVANÇADAS

O sistema proposto também implementa funcionalidades avançadas, como a geração de ID UPI e a gestão segura de PIN, ambas perfeitamente integradas no Sistema de Verificação em Três Camadas. Os administradores do banco são responsáveis pela verificação das identidades dos utilizadores e pela supervisão da geração de IDs e PINs UPI, assegurando que estas credenciais estão ligadas de forma segura aos utilizadores autenticados. Este processo simplifica a integração do utilizador, mantendo um elevado nível de segurança, tornando o sistema simultaneamente fácil de utilizar e seguro.

4.5.1 ESCALABILIDADE E MODULARIDADE

O sistema proposto foi concebido tendo em mente a escalabilidade e a modularidade, permitindo-lhe crescer a par das necessidades da base de utilizadores. A sua arquitetura modular permite a fácil integração de novas caraterísticas ou protocolos de segurança sem perturbar as funcionalidades existentes. Esta flexibilidade garante que o sistema pode evoluir para satisfazer os avanços tecnológicos, aumentar o volume de transacções e melhorar a segurança global, conforme necessário.

4.5.2 MONITORIZAÇÃO E RESPOSTA EM TEMPO REAL

O sistema inclui capacidades de monitorização em tempo real, que permitem aos administradores acompanhar as transacções e as actividades dos utilizadores à medida que estas acontecem.

Isto permite que o sistema identifique e responda imediatamente a potenciais ameaças à segurança, tais como tentativas de início de sessão suspeitas ou volumes de transação invulgares. A monitorização em tempo real ajuda a reduzir os riscos e fornece uma camada adicional de segurança, garantindo que o sistema pode tomar medidas proactivas para evitar fraudes e acessos não autorizados.

4.5.3 PROPRIEDADES GERAIS DO SISTEMA PROPOSTO

As propriedades gerais do sistema proposto incluem o processamento de transacções em tempo real, uma segurança reforçada através da encriptação AES e da integração de cadeias de blocos, bem como uma conceção modular e escalável que se pode adaptar a futuras necessidades de segurança. O sistema foi concebido para garantir que a autenticação do utilizador e a proteção dos dados estejam actualizadas de acordo com as mais recentes normas da indústria. Ao combinar o reconhecimento facial, a encriptação e o hashing, o sistema proporciona um nível avançado de segurança que é simultaneamente flexível e eficiente.

4.5.4 APLICAÇÕES E BENEFÍCIOS

As caraterísticas de segurança avançadas do sistema proposto tornam-no ideal para a banca digital moderna, permitindo transacções financeiras seguras, verificação do utilizador e deteção de fraudes. Com a tecnologia de cadeia de blocos a garantir a transparência e a integridade dos dados, e uma conceção modular que permite a escalabilidade, o sistema aumenta a satisfação do utilizador, reduz o risco de fraude e aumenta a segurança global. A sua integração de encriptação AES, hashing SHA-256, reconhecimento facial e blockchain

aborda as limitações dos sistemas tradicionais, oferecendo uma solução bancária segura, escalável e preparada para o futuro, capaz de evoluir com os avanços tecnológicos.

CAPÍTULO 5 : REQUISITOS DE HARDWARE E SOFTWARE

5.1 GERAL

Os requisitos são os condicionalismos básicos necessários para desenvolver um sistema. Os requisitos são recolhidos durante a conceção do sistema. Os requisitos a discutir são os seguintes

1. Requisitos funcionais
2. Requisitos não funcionais
3. Requisitos ambientais
    A. Requisitos de hardware
    B. requisitos de software

5.2 REQUISITOS FUNCIONAIS

Os requisitos funcionais centram-se no que o sistema deve realizar em termos de operações como a autenticação do utilizador, a gestão das transacções, o livro-razão da cadeia de blocos, os controlos administrativos

Autenticação do utilizador

O sistema deve proporcionar um processo seguro de autenticação do utilizador, que inclua um método de verificação em três níveis com reconhecimento facial, nome de utilizador-senha e verificação da cadeia de blocos.

Gestão de transacções

Os utilizadores devem poder iniciar e concluir transacções de forma segura, com registos de transacções armazenados num livro-razão de cadeia de blocos à prova de adulteração.

Ledger de cadeia de blocos

Um livro-razão descentralizado deve armazenar todos os dados de transação de forma imutável, garantindo a segurança e a transparência de todas as transacções financeiras.

Controlos administrativos

Os administradores necessitam de uma interface de gestão para verificar as identidades dos utilizadores, aprovar a geração de ID e PIN UPI e monitorizar todas as actividades dos utilizadores. Devem também ser capazes de supervisionar os protocolos de segurança e os registos de acesso.

5.3 REQUISITOS NÃO FUNCIONAIS

Os requisitos funcionais centram-se no que o sistema deve realizar em termos de operações como a segurança, o desempenho, a escalabilidade, a eficiência, a facilidade de utilização, a adaptabilidade, a flexibilidade e a portabilidade

Segurança

A segurança é crucial para proteger informações sensíveis, tais como as credenciais do utilizador e os dados de transação. Múltiplas camadas de encriptação (AES) e hashing (SHA-256) garantem a segurança dos dados, enquanto o reconhecimento facial restringe o acesso apenas a utilizadores autorizados.

Desempenho

A aplicação deve lidar com elevados volumes de transacções e pedidos simultâneos de utilizadores sem problemas de desempenho. Isto inclui um processamento de dados eficiente e tempos de resposta que proporcionem uma experiência de utilizador sem problemas, mesmo durante os períodos de pico de carga.

Escalabilidade

O sistema deve ser capaz de se adaptar ao aumento da procura dos utilizadores e ao crescimento dos dados. A conceção modular permite que o sistema integre novas funcionalidades e suporte volumes mais elevados sem comprometer o desempenho.

Eficiência

A otimização de recursos assegura uma utilização mínima da CPU e da memória, permitindo um desempenho eficiente em vários dispositivos e ambientes de servidor. Isto evita a pressão desnecessária sobre os recursos do sistema e apoia a eficiência operacional a longo prazo.

Usabilidade

A interface do utilizador deve ser intuitiva, permitindo que os utilizadores naveguem facilmente no sistema para tarefas como o início de sessão, a gestão de transacções e a geração de UPI. Para os administradores, a facilidade de utilização traduz-se em ferramentas de gestão simplificadas para supervisionar as transacções e a segurança.

Adaptabilidade e flexibilidade

O sistema deve permitir actualizações fáceis ou novas integrações. Esta adaptabilidade é essencial para incorporar novas tecnologias e caraterísticas de segurança, conforme necessário.

Portabilidade

A aplicação deve poder ser implantada em várias plataformas (por exemplo, Windows, Linux) e em ambientes de nuvem ou no local, proporcionando flexibilidade nas opções de implantação.

5.4 REQUISITOS AMBIENTAIS

Os requisitos ambientais especificam o hardware e o software necessários para a implantação e o funcionamento da aplicação.

5.4.1 REQUISITOS DE HARDWARE

A. PROCESSADOR

Mínimo: Intel Core i5 ou equivalente.

Recomendado: Intel Core i3 ou superior, ou equivalente (por exemplo, AMD Ryzen 5/7).

É necessário um processador potente para lidar com os requisitos computacionais das transacções de cadeia de blocos, reconhecimento facial, processos de encriptação e pedidos simultâneos dos utilizadores. Os processadores de desempenho superior melhoram a capacidade do sistema para gerir rapidamente cálculos complexos, especialmente durante picos de carga de transacções.

B. RAM

Mínimo: 8 GB.

Recomendado: 16 GB para ambientes com elevado volume de transacções.

Uma quantidade suficiente de RAM garante um funcionamento suave e um processamento de dados mais rápido, especialmente quando vários utilizadores acedem à aplicação em simultâneo.

Uma maior quantidade de RAM ajuda a armazenar em cache os dados frequentemente acedidos, a gerir as operações da base de dados e a suportar processos multithread em aplicações baseadas em Java.

C. ARMAZENAMENTO

Mínimo: Disco rígido de 500 GB.

Recomendado: SSD (Solid State Drive) para um processamento de dados mais rápido.

O armazenamento é crucial para alojar a base de dados, os registos de transacções, os dados da cadeia de blocos e os ficheiros da aplicação. É preferível um SSD para velocidades de leitura/escrita mais rápidas, o que reduz a latência na recuperação de dados e acelera o processamento de transacções, melhorando o desempenho geral da aplicação.

D. REDE

Requisitos: Ligação fiável à Internet com uma velocidade mínima de 10 Mbps.

Uma ligação à Internet rápida e estável é essencial para uma transferência de dados sem problemas entre clientes, servidores e serviços externos (como gateways de pagamento ou nós de blockchain). Uma ligação fiável garante um processamento de transacções sem problemas, sincronização de dados em tempo real e respostas rápidas às acções do utilizador.

5.4.2 REQUISITOS DE SOFTWARE

Os requisitos de software abrangem o sistema operativo, as ferramentas de desenvolvimento, os sistemas de gestão de bases de dados, os servidores Web e as bibliotecas adicionais essenciais para a aplicação.

A. SISTEMA OPERATIVO

Suportado: Windows 10 ou superior, ou Linux (por exemplo, Ubuntu 20.04).

A aplicação deve ser compatível com o Windows e o Linux para uma maior flexibilidade na implementação. O Windows é normalmente utilizado para desenvolvimento, enquanto o Linux proporciona um ambiente estável, seguro e eficiente para a implementação de servidores, especialmente para aplicações Web. O Ubuntu 20.04, em particular, oferece fortes caraterísticas de segurança e suporte para várias ferramentas de desenvolvimento e bases de dados.

B. AMBIENTE DE DESENVOLVIMENTO

Java Development Kit (JDK) 11 ou superior

O JDK 11+ é necessário para o desenvolvimento baseado em Java, fornecendo os mais recentes recursos de segurança, melhorias de desempenho e compatibilidade com Java Server Pages (JSP) e Servest. A aplicação baseia-se na estrutura de programação orientada para objectos de Java para suportar um design seguro e modular, o que é crucial para manter o tratamento de dados sensíveis em aplicações bancárias.

Eclipse IDE ou IntelliJ IDEA

Esses IDEs oferecem recursos robustos para o desenvolvimento Java, como realce de sintaxe, sugestões de código, ferramentas de depuração e suporte ao gerenciamento de projetos. Eles simplificam o processo de desenvolvimento, facilitando a organização do código, o gerenciamento de dependências e a implantação de compilações.

C. GESTÃO DE BASES DE DADOS

MySQL 8.0 ou superior:

O MySQL funciona como o sistema de gestão de bases de dados relacionais, armazenando informações do utilizador, histórico de transacções e dados de autenticação. A versão 8.0 e superior oferece funcionalidades de segurança avançadas, melhor desempenho e suporte para consultas complexas, que são essenciais para gerir e recuperar dados financeiros sensíveis de forma eficiente.

D. SERVIDOR WEB

Apache Tomcat 9 ou superior:

O Apache Tomcat aloja Servlets Java e páginas JSP, fornecendo uma plataforma para a interface Web da aplicação. É um ambiente de servidor leve, seguro e fiável, adequado para aplicações Java. O Tomcat permite uma implementação perfeita de aplicações baseadas em Java, gere sessões de utilizador e assegura um tratamento estável de pedidos para vários utilizadores.

E. QUADRO DE CADEIA DE BLOCOS

Ethereum ou solução de cadeia de blocos personalizada:

Uma estrutura de blockchain é essencial para gerir o armazenamento seguro de transacções num livro-razão imutável e descentralizado. O Ethereum é uma escolha popular pelo seu ecossistema maduro, caraterísticas de segurança e suporte para contratos inteligentes. Em alternativa, uma solução de cadeia de blocos personalizada pode ser concebida especificamente para transacções bancárias, garantindo flexibilidade na gestão do processamento de transacções, controlos de privacidade e requisitos de escalabilidade.

F. BIBLIOTECAS E FERRAMENTAS ADICIONAIS

Biblioteca de encriptação AES:

O AES (Advanced Encryption Standard) é utilizado para encriptar dados sensíveis do utilizador, tais como credenciais de início de sessão e detalhes de transacções. A biblioteca AES oferece um algoritmo de encriptação simétrica que codifica e descodifica dados de forma segura, garantindo que apenas as partes autorizadas podem aceder a informações sensíveis.

SDK de reconhecimento facial:

É necessário um kit de desenvolvimento de software (SDK) de reconhecimento facial para implementar a autenticação facial como parte do processo de autenticação multifactor. O SDK trata do processamento de imagens, da extração de caraterísticas faciais e da comparação com dados armazenados para verificar a identidade do utilizador, reforçando a segurança contra o acesso não autorizado.

JUnit:

JUnit é uma estrutura de teste amplamente usada para aplicativos Java. Ele permite que os desenvolvedores criem casos de teste automatizados para cada unidade ou componente do aplicativo, garantindo que cada função (como autenticação de usuário, manipulação de transações e integração de blockchain) funcione conforme o esperado. Os testes automatizados com JUnit ajudam a identificar e corrigir problemas no início do processo de desenvolvimento, melhorando a qualidade e a confiabilidade do código.

CAPÍTULO 6 : CONCEPÇÃO E DIAGRAMAS DE BLOCOS

6.1. ARQUITECTURA DE CONCEPÇÃO / ARQUITECTURA DE SISTEMA

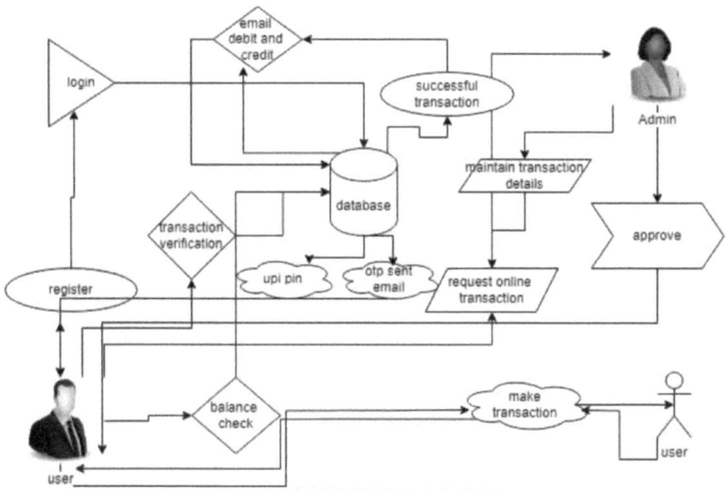

Fig 6.1 ARQUITECTURA DO SISTEMA

Um diagrama de casos de utilização é uma representação visual que ilustra as interações entre os utilizadores (actores) e um sistema, destacando as funcionalidades que o sistema oferece na perspetiva do utilizador. Neste diagrama, os actores são representados como bonecos de palito, representando entidades como clientes e administradores bancários que interagem com a aplicação bancária.

Os casos de utilização, representados por ovais, definem funcionalidades específicas, como o registo de utilizadores, o início de sessão seguro, a gestão de contas e a geração de ID UPI. As linhas ou setas ligam os actores a estes casos de utilização, indicando as suas interações e relações. Este diagrama serve vários objectivos essenciais: fornece uma visão geral clara das capacidades do sistema, facilita a recolha eficaz de requisitos ao clarificar o que o sistema deve realizar e melhora a comunicação entre os intervenientes ao representar visualmente a forma como os diferentes componentes interagem. Além disso, funciona como documentação valiosa para os programadores e testadores, garantindo uma compreensão partilhada do comportamento do sistema. De um modo geral, os diagramas de casos de utilização são ferramentas essenciais no desenvolvimento de software, ajudando a captar e a transmitir as relações dinâmicas entre os utilizadores e o sistema de forma eficiente, como mostra a Fig. 6.2.

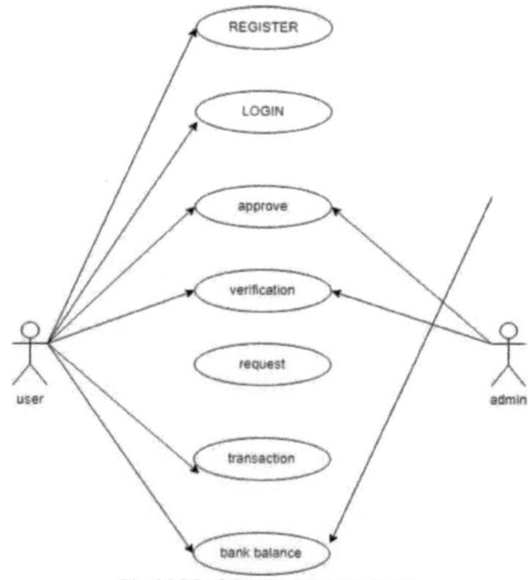

Fig 6.2 DIAGRAMA DO USECASE

6.2 DIAGRAMA DE ESTADO

Um diagrama de estados, também conhecido como diagrama de máquina de estados, é uma representação visual que ilustra os vários estados de um objeto num sistema e as transições entre esses estados em resposta a eventos.

No contexto de uma aplicação bancária, um diagrama de estados pode modelar eficazmente o ciclo de vida de objectos-chave, como uma conta de utilizador.

Cada estado representa uma condição ou situação específica da conta, como "Registada", "Ativa", "Suspensa" ou "Encerrada". As transições entre estes estados são desencadeadas por eventos, tais como acções do utilizador (por exemplo, iniciar sessão, atualizar os dados da conta) ou respostas do sistema (por exemplo, verificação da identidade, tempo limite após inatividade).

Os diagramas de estado fornecem uma forma clara e concisa de compreender como um objeto se comporta ao longo do tempo e em diferentes circunstâncias. Ajudam a identificar potenciais estados e eventos que podem afetar o ciclo de vida do objeto, o que os torna úteis para a conceção e análise de sistemas.

Ao visualizar esta dinâmica, os programadores podem garantir que todos os estados e transições possíveis são tidos em conta, o que ajuda a criar aplicações robustas e sem erros.

Em geral, os diagramas de estado são cruciais para modelar o comportamento de sistemas complexos, permitindo que as partes interessadas compreendam as complexidades dos estados dos objectos e as condições que desencadeiam as transições

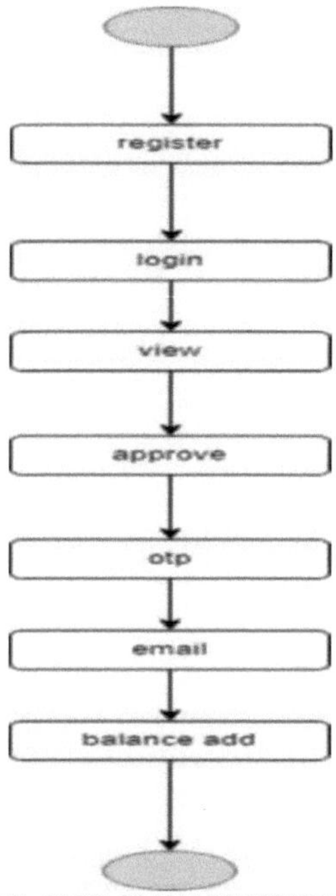

Fig 6.3 DIAGRAMA DE ESTADO

6.3 DIAGRAMA DE ACTIVIDADES

Um diagrama de actividades é um tipo de fluxograma que representa visualmente os aspectos dinâmicos de um sistema, ilustrando o fluxo de actividades e acções envolvidas num processo específico.

No contexto de uma aplicação bancária, um diagrama de actividades pode representar eficazmente as interações dos utilizadores e a sequência de operações para tarefas como o registo de contas, o processamento de transacções ou a geração de ID UPI.

O diagrama utiliza vários símbolos, incluindo rectângulos arredondados para as actividades, losangos para os pontos de decisão e setas para indicar o fluxo de controlo de uma atividade para outra.

Ao mapear cada passo de um processo, os diagramas de atividade fornecem uma visão clara e detalhada dos fluxos de trabalho, ajudando a identificar dependências e potenciais estrangulamentos.

Facilitam a compreensão dos processos sequenciais e paralelos, permitindo que as partes interessadas vejam como as diferentes actividades se inter-relacionam e a ordem em que ocorrem.

Esta clareza é particularmente útil durante a fase de recolha de requisitos e pode ajudar na resolução de problemas e na otimização dos fluxos de trabalho.

Além disso, os diagramas de atividade servem como uma valiosa ferramenta de comunicação entre os membros da equipa, assegurando que todos têm uma compreensão comum do funcionamento de um processo.

De um modo geral, desempenham um papel crucial na modelação de fluxos de trabalho complexos, permitindo aos programadores conceber e implementar soluções eficientes e eficazes na aplicação bancária

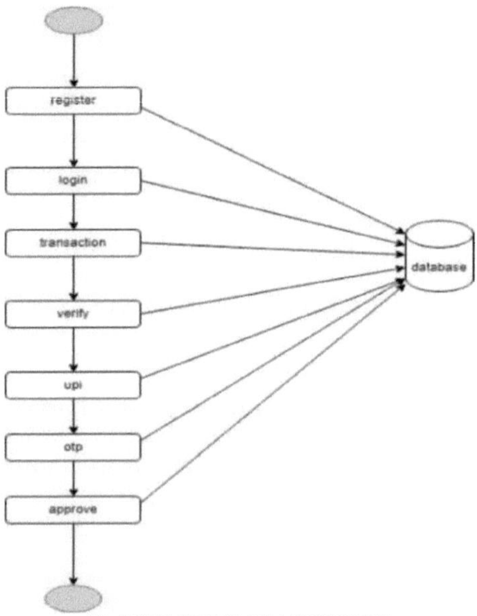

Fig 6.4 DIAGRAMA DE ACTIVIDADE

6.4 CLASSE DIGRAMA

Um diagrama de classes é um componente fundamental da

modelação orientada para objectos que representa visualmente a estrutura de um sistema, ilustrando as suas classes, atributos, métodos e as relações entre eles.

No contexto de uma aplicação bancária, um diagrama de classes pode representar eficazmente as várias entidades envolvidas, como o utilizador, a conta, a transação e o administrador, juntamente com os seus atributos e comportamentos.

Cada classe é representada como um retângulo dividido em três secções: a secção superior contém o nome da classe, a secção intermédia lista os seus atributos (como o número de conta e o saldo) e a secção inferior descreve os seus métodos (como depósito e levantamento).

Os diagramas de classes são fundamentais para definir a estrutura estática de um sistema, fornecendo um plano que orienta o processo de desenvolvimento. Ajudam a identificar relações importantes, como herança, associações e dependências entre classes, o que pode esclarecer como diferentes componentes interagem dentro da aplicação.

Ao visualizar estas relações, os programadores podem compreender melhor a arquitetura do sistema, conduzindo a uma conceção e implementação mais eficientes. Além disso, os diagramas de classes servem como documentação essencial que pode ser consultada ao longo do ciclo de vida do software, facilitando a comunicação entre os membros da equipa e as partes interessadas. Em geral, são cruciais para estabelecer uma representação clara e organizada dos componentes de um sistema, permitindo um planeamento e desenvolvimento eficazes na aplicação bancária .

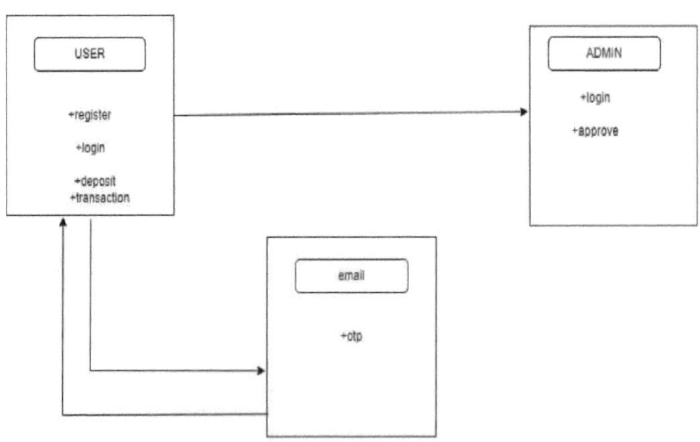

Fig 6.5 DIAGRAMA DE CLASSE

6.5 DIAGRAMA DE SEQUÊNCIA

Um diagrama de sequência é uma ferramenta de modelação dinâmica utilizada na engenharia de software para ilustrar as interações entre objectos num sistema ao longo do tempo, centrando-se na ordem das mensagens trocadas. No contexto de uma aplicação bancária, um diagrama de sequência pode representar eficazmente cenários como o registo de um utilizador numa conta, o início de sessão ou a realização de uma transação.

O diagrama consiste em linhas verticais que representam diferentes objectos (tais como Utilizador, Sistema bancário e Administrador) e setas horizontais que indicam as mensagens ou chamadas de métodos trocadas entre estes objectos numa sequência específica. Ao mostrar o fluxo de interações, os diagramas de sequência permitem compreender claramente como os processos se desenrolam e como os vários componentes colaboram para atingir um determinado resultado.

Destacam o tempo e a ordem das operações, facilitando a identificação de potenciais atrasos ou pontos de falha no fluxo de trabalho. Esta visualização é valiosa tanto para a conceção de novas caraterísticas como para a resolução de problemas de funcionalidades existentes, uma vez que permite aos programadores ver como as alterações a uma parte do sistema podem afetar outras partes.

Além disso, os diagramas de sequência, tal como se mostra na Fig. 6.6, facilitam a comunicação entre os membros da equipa e as partes interessadas, fornecendo uma representação direta de interações complexas.

De um modo geral, desempenham um papel vital na modelação do comportamento dinâmico de uma aplicação bancária, assegurando que todas as interações são claramente compreendidas e eficazmente implementadas.

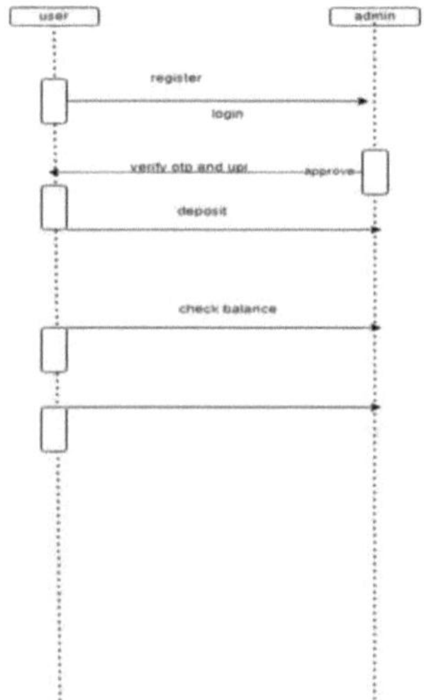

Fig 6.6 DIAGRAMA DE SEQUÊNCIA

6.6 DIAGRAMA DE FLUXO DE DADOS

Um diagrama de fluxo de dados (DFD) é uma representação gráfica que ilustra como os dados se movem dentro de um sistema, destacando o fluxo de informações entre processos, armazenamentos de dados e entidades externas. No contexto de uma aplicação bancária, um DFD pode representar eficazmente a forma como os dados do utilizador são processados durante as principais operações, como o registo de contas, o processamento de transacções e a gestão de contas.

O diagrama inclui normalmente vários componentes: processos representados por círculos ou ovais, fluxos de dados representados por setas que indicam a direção do movimento da informação, armazéns de dados representados por rectângulos abertos e entidades externas ilustradas por quadrados ou rectângulos.

Ao mapear visualmente esses componentes, os diagramas de fluxo de dados fornecem uma compreensão clara de como os dados são inseridos, processados e gerados no sistema. Ajudam a identificar as fontes de dados, as transformações a que são submetidos e os pontos finais onde os dados são armazenados ou utilizados. Os DFDs são particularmente úteis na análise de requisitos e na conceção de sistemas, pois permitem que as partes interessadas vejam a arquitetura geral dos dados sem se perderem em pormenores técnicos.

Além disso, facilitam a comunicação entre os membros da equipa, fornecendo uma linguagem comum para discutir os processos de tratamento de dados. Em geral, os diagramas de fluxo de dados são ferramentas essenciais para modelar o fluxo de informações dentro de um aplicativo bancário, garantindo que todas as interações de dados sejam bem compreendidas e gerenciadas de forma eficiente.

Nível 1:

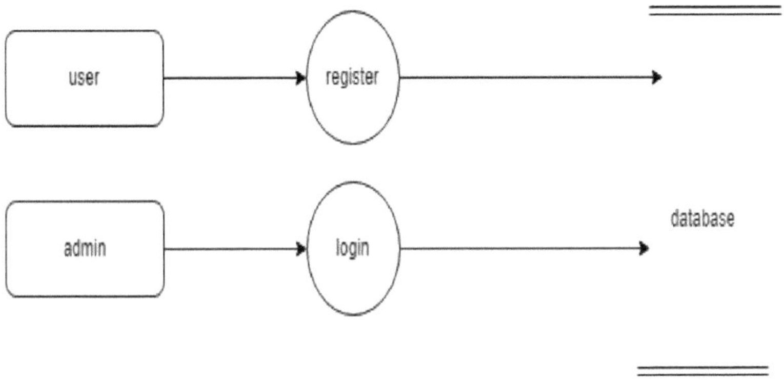

Fig 6.7a DIAGRAMA DO FLUXO DE DADOS

Nível 2:

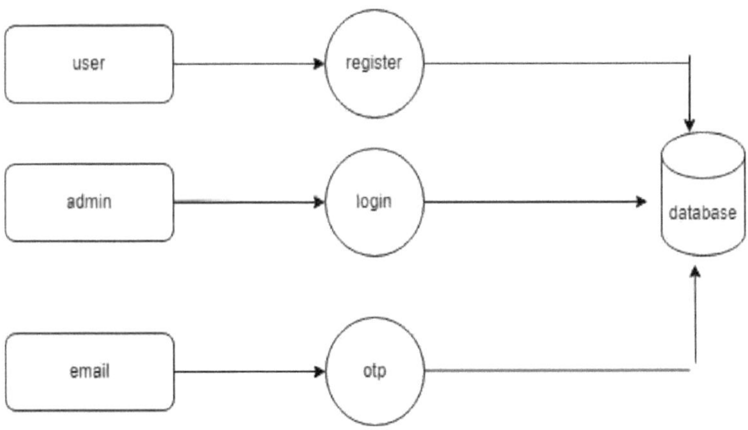

Fig 6.b DIAGRAMA DO FLUXO DE DADOS

Nível 3:

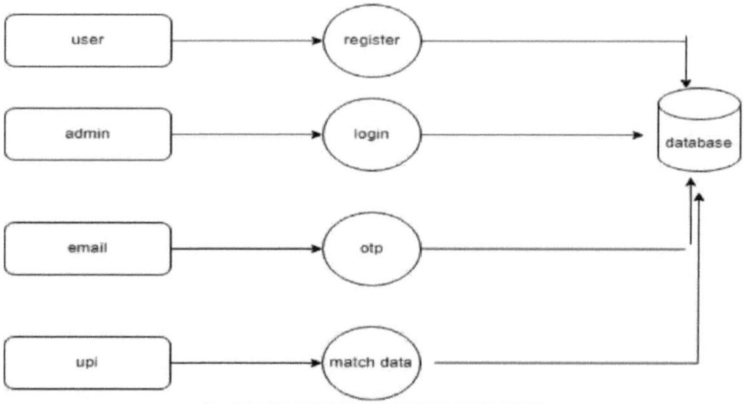

Fig 6.7c DIAGRAMA DO FLUXO DE DADOS

6.7 ER-DIAGRAMA

Um diagrama Entidade-Relacionamento (E-R) é uma representação visual que ilustra as relações entre entidades num sistema de base de dados, servindo de modelo para a modelação de dados.

No contexto de uma aplicação bancária, um diagrama E-R pode representar eficazmente entidades-chave como Utilizador, Conta, Transação e Administrador, juntamente com os seus atributos e as relações que as ligam. As entidades são normalmente representadas como rectângulos, enquanto os atributos são apresentados como ovais ligados às respectivas entidades.

Os relacionamentos são ilustrados com diamantes, mostrando como as entidades interagem umas com as outras, como um utilizador que tem várias contas ou uma conta que está envolvida em várias transacções. Os diagramas R fornecem uma forma clara e concisa de compreender os requisitos de dados de um sistema, o que os torna inestimáveis durante o processo de conceção da base de dados.

Ajudam a identificar a estrutura da base de dados, incluindo chaves primárias e externas, que são cruciais para manter a integridade dos dados e garantir uma recuperação eficiente dos mesmos.

Ao visualizar as interligações entre diferentes entidades, os diagramas E-R facilitam a comunicação entre as partes interessadas, permitindo uma compreensão partilhada da forma como os dados são organizados e acedidos.

Em geral, os diagramas E-R desempenham um papel fundamental na conceção e desenvolvimento da base de dados da aplicação bancária, assegurando que todas as relações de dados necessárias estão bem definidas e optimizadas para desempenho.

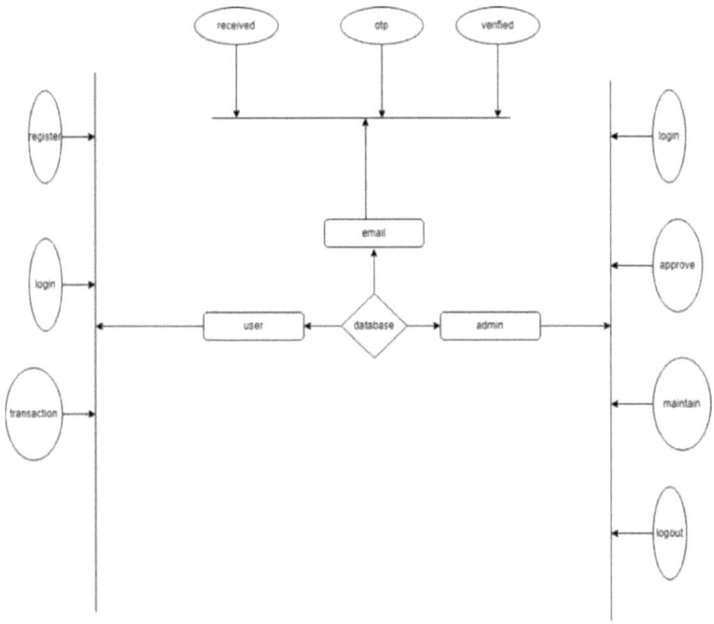

Fig 6.8 ER-DIAGRAMA

CAPÍTULO 7 : APLICAÇÃO

7.1 GENERALIDADES

Este capítulo descreve a implementação de uma aplicação baseada em pesquisa. Trata do código-fonte do ponto de vista principal da gestão anónima de bases de dados.

```
<%@ page language="java" contentType="text/html; charset=ISO-8859-1"
   pageEncoding="ISO-8859-1"%>
<!DOCTYPE html PUBLIC "-//W3C//DTD HTML 4.01 Transitional//EN"
"http://www.w3.org/TR/html4/loose.dtd">
<html>
<head>
<meta http-equiv="Content-Type" content="text/html; charset=ISO-8859-1">
<title>Insert title here</title>
</head>
<script src="https://stackpath.bootstrapcdn.com/bootstrap/4.3.1/js/bootstrap.min.js"></script>
   <script src="https://code.jquery.com/jquery-3.4.1.js"></script>

<style>
@import url(https://fonts.googleapis.com/css?family=RobotoDraft|Roboto);


body {
 background-color: #34495e;
 background: url(image/photo-1501167786227-4cba60f6d58f.jfif);
 -webkit-background-size: cover;
 -moz-background-size: cover;
 -ms-background-size: cover;
 -o-background-size: cover;
 background-size: cover;
 background-attachment: fixed;
 background-repeat: no-repeat;
 background-position: top center;
 -webkit-touch-callout: none;
 -webkit-tap-highlight-color: transparent;
 margin: 10em auto;
}

body:before {
 content: "";
 display: block;
 position: fixed;
 top: 0;
 left: 0;
 right: 0;
 bottom: 0;
 background: rgba(100, 94, 85, 0.3);
```

```
  z-index: -1;
}

::-webkit-scrollbar {
  -webkit-appearance: none;
  width: .3em;
  background-color: #cbcbcb;
}
::-webkit-scrollbar-thumb {
  background: rgba(0,0,0,0.9);
}

.wrapper-indieandcool {
  text-align: center;
  text-transform: uppercase;
  width: 100%;
  color: #fff;
  height: 9em;
  background: rgba(0,0,0,0.5);
}

.wrapper-indieandcool h1 {
  font-family: "RobotoDraft", sans-serif;
  font-size: 4em;
  margin: 1em auto;
}
.wrapper-indieandcool h2.descripcion {
  font-family: "Roboto", sans-serif;
  font-size: 1.47em;
  margin: -1.80em auto;
}


.wrapper-indieandcool .btn-indies {
  display: inline-block;
  background-color: rgba(255, 255, 255, 0.8);
  color: #000;
  border: none;
  padding: .3em 1em;
  font-family: "RobotoDraft", sans-serif;
  font-size: 2em;
  font-weight: bold;
  text-decoration: none;
  margin: 5em auto;
  margin-right: 1em;
}
.wrapper-indieandcool .btn-indies:nth-child(4) {
  background-color: rgba(0,0,0,0.7);
  color: #fff;
  margin-right: 1em;
}

.wrapper-indieandcool .btn-indies:nth-child(4):hover {
  background-color: rgba(255, 255, 255, 0.7);
  color: #000;
}

.wrapper-indieandcool .btn-indies:hover {
  background-color: rgba(0,0,0,0.7);
```

```
  color: rgba(255, 255, 255, 0.9);
}

@media screen and (min-width: 30em) and (max-width : 40em) {
body {
  background-position: center center;
}
.wrapper-indieandcool h1 {
  font-size: 3em;
}
.wrapper-indieandcool h2.descripcion {
  font-size: 1.27em;
}
}

@media screen and (max-width: 32em) {
  body {
    margin: 6em auto;
    background-position: center center;
}
.wrapper-indieandcool {
  height: 8em;
}
.wrapper-indieandcool h1 {
  font-size: 2.27em;
  margin: 1.23em auto;
}
.wrapper-indieandcool h2.descripcion {
  font-size: 1.12em;
}
.wrapper-indieandcool .btn-indies {
  display: ;
  background-color: /* rgba(255, 255, 255, 0.8) */;
  color: /* #000 */;
  border: none;
  padding: .3em 1em;
  max-width: 100%;
  font-family: "RobotoDraft", sans-serif;
  font-size: 2em;
  font-weight: bold;
  text-decoration: none;
  margin: 2.47em auto;
}
.wrapper-indieandcool .btn-indies:nth-child(4) {
  margin: -2em auto;
}

}
</style>

<body>
<%session.setAttribute("log", "1"); %>
<div class="wrapper-indieandcool" style="margin-top:10px;">
  <h2>WELCOME BY</h2>
  <h1 style="margin-top:-5px;">FINITY BANK</h1>
  <a href="userlogin.jsp" class="btn-indies" style="float:right;margin-top:-310px;margin-right:240px;border-
radius:30px;">USER</a>
  <a href="adminlogin.jsp" class="btn-indies" style="float:right;margin-top:-310px;margin-
right:10px;border-radius:30px;">ADMIN</a>
```

```
</div>
<!-- <header>

      <nav>

         <a href="#" class="logo"></a>

         <ul class="nav-list">

            <li><a href="userlogin.jsp">USER</a></li>
            <li><a href="#"></a></li>
            <li><a href="adminlogin.jsp">ADMIN</a></li>
            <li><a href="#"></a></li>
         </ul>
      </nav>
   </header>
   <main>
   </main>    -->

</body>


</html>


<%@ page language="java" contentType="text/html; charset=ISO-8859-1"
   pageEncoding="ISO-8859-1"%>
   <%@page import="dbconn.dbconn"%>
<%@page import="java.sql.ResultSet"%>
<%@page import="java.sql.PreparedStatement" %>
<%@page import="java.sql.*" %>
<%@page import="java.util.*" %>
<%@page import="java.io.FileInputStream" %>
<%@page import="java.io.IOException" %>
<%@page import="java.io.PrintWriter" %>
<!DOCTYPE html PUBLIC "-//W3C//DTD HTML 4.01 Transitional//EN"
"http://www.w3.org/TR/html4/loose.dtd">
<html>
<head>
<meta http-equiv="Content-Type" content="text/html; charset=ISO-8859-1">
<title>Insert title here</title>
 <link rel="stylesheet" href="css1/bootstrap.min.css">


</head>
<style>
body{
background-color:#8BA6E9;
}
table{
background-color:#D7B7BC;
}
```

```
</style>

 <% String chemail=session.getAttribute("cemail").toString(); %>
<body>
<center><br><br><br>
<button type="button" class="btn btn-primary" onclick="history.back()">back</button>
</center><br><br>
<div class="container">
          <div class="table-responsive-sm">
  <table class="table table-striped">
    <thead>
      <tr>

        <th>Public Email</th>
         <th>Charity mail</th>
        <th>Check No</th>
        <th>Amount Word</th>
         <th>Date</th>
        <th>Amount</th>
       <th>View</th>



      </tr>
    </thead>
     <%

       Connection con;


       con=dbconn.create();
       PreparedStatement ps=con.prepareStatement("SELECT * FROM `scam`.`transmoney` where
cemail='"+chemail+"' ");

       ResultSet rs=ps.executeQuery();

       while(rs.next())
       {

       %>
    <tbody>
      <tr>



        <%-- <td><%=rs.getString(1)%></td> --%>
        <td><%=rs.getString(2)%></td>
        <td><%=rs.getString(3)%></td>

      <td><%=rs.getString(4)%></td>
        <td><%=rs.getString(5)%></td>
```

```
<td><%=rs.getString(6)%></td>
<td><%=rs.getString(7)%></td>


<td><a
href="charityaccount.jsp?=id<%=rs.getString(1)%>&&pemail=<%=rs.getString(2)%>&&cemail=<%=rs.g
etString(3)%>&&checkno=<%=rs.getString(4)%>&&aword=<%=rs.getString(5)%>&&date=<%=rs.getStri
ng(6)%>&&amount=<%=rs.getString(7)%>"><button class="btn btn-primary">Account
Balance</button></a>

</tr>
</tbody>
<%} %>
</table>
</div>
</div>
</body>
</html>
```

```
package servlet;


import java.io.IOException;

import java.sql.Connection;

import java.sql.PreparedStatement;

import java.sql.ResultSet;

import java.sql.SQLException;

import java.sql.Statement;


import javax.servlet.ServletException;

import javax.servlet.annotation.WebServlet;

import javax.servlet.http.HttpServlet;

import javax.servlet.http.HttpServletRequest;

import javax.servlet.http.HttpServletResponse;

import javax.servlet.http.HttpSession;


import mail.mail1;
```

```
import dbconn.dbconn;

/**
 * Servlet implementation class Upi
 */
@WebServlet("/Upi")
public class Upi extends HttpServlet {
	private static final long serialVersionUID = 1L;

    /**
     * @see HttpServlet#HttpServlet()
     */
    public Upi() {
        super();
        // TODO Auto-generated constructor stub
    }

	/**
	 * @see HttpServlet#doGet(HttpServletRequest request, HttpServletResponse response)
	 */
	protected void doGet(HttpServletRequest request, HttpServletResponse response) throws
ServletException, IOException {
		// TODO Auto-generated method stub
	}

	/**
	 * @see HttpServlet#doPost(HttpServletRequest request, HttpServletResponse response)
	 */
	protected void doPost(HttpServletRequest req, HttpServletResponse resp) throws
ServletException, IOException {
		// TODO Auto-generated method stub
```

```
String id = req.getParameter("id");
String pin = req.getParameter("pin");

String emaill = req.getParameter("emaill");
HttpSession session=req.getSession();

String s="apply";
String am=" ";
try {

    Connection co=dbconn.create();
PreparedStatement ps=(PreparedStatement)co.prepareStatement("SELECT * FROM
`bankingemail`.`userregister` where gmail='"+emaill+"'");
ResultSet rs=ps.executeQuery();
while(rs.next()) {
am= rs.getString(10);

}
catch(SQLException e) {

    e.printStackTrace();
}
try{
    Connection connn=dbconn.create();
    Statement st=connn.createStatement();
    st.executeUpdate("UPDATE bankingemail.userregister set
upiid='"+id+"',upipin='"+pin+"' where status='Approved' and gmail='"+emaill+"'");

    Statement st1=connn.createStatement();
    st1.executeUpdate("UPDATE bankingemail.userreg set
```

```
upiid='"+id+"',upipin='"+pin+"',balance='"+am+"' where status='Approved' and
email='"+emaill+"'");

                        mail1.mail(emaill,"Congratulations, your UPI ID is successfully generated
at Finity Banking. Your UPI id is: "+id+" UPI password is: "+pin+"  Thank You" );

                        resp.sendRedirect("adminhome.jsp?valid");

                }
                catch(Exception e){
                        resp.sendRedirect("error.jsp?inval id");

                System.out.println(e);
                }
        }
        }
```

CAPÍTULO 8 : RESULTADOS E DISCUSSÃO

8.1 ETAPAS DE ENVOLVIMENTO DO SOFTWARE

ECRÃ DE BOAS-VINDAS DO FINITY BANK

O ecrã de boas-vindas do Finity Bank fornece um ponto de entrada claro para os utilizadores, oferecendo opções para iniciar sessão como 'Utilizador' ou 'Administrador'. Esta separação garante que os clientes e administradores acedam apenas às secções relevantes do sistema. O design destaca o compromisso do Finity Bank com o acesso seguro e baseado em funções, melhorando a experiência geral do utilizador

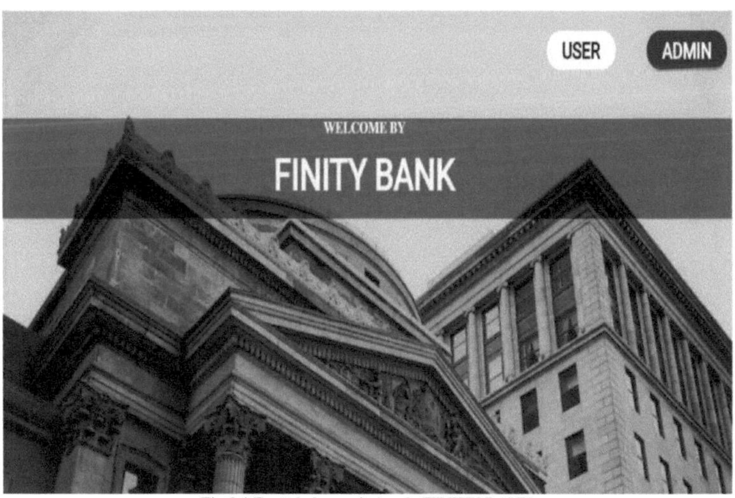

Fig 8.1 Ecrã de boas-vindas do FINITY BANK

LOGIN DO UTILIZADOR

O ecrã de início de sessão do utilizador permite que os clientes acedam de forma segura a as suas contas, introduzindo o seu nome de utilizador e a sua palavra-passe. Com uma opção de recuperação de senha e um link de criação de conta, esta interface promove a acessibilidade para os utilizadores novos e antigos. O design simplificado sublinha o foco do Finity Bank em serviços bancários digitais de fácil utilização e fiáveis.

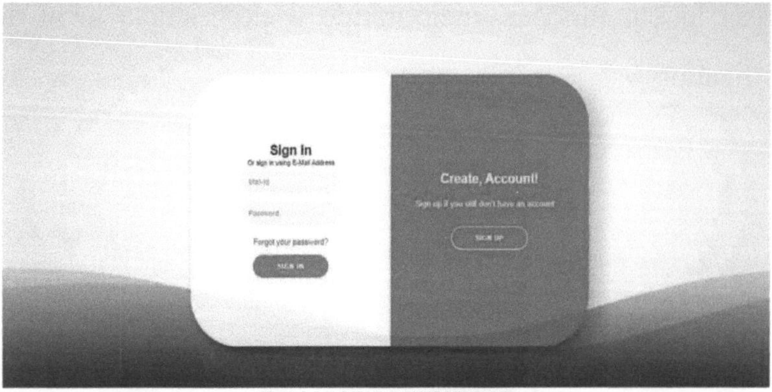

Fig 8.2 LOGIN DO UTILIZADOR

ADMIN LOGIN

A interface Admin Login é uma porta de entrada segura para que o pessoal autorizado possa gerir e monitorizar o sistema bancário. Exigindo um nome de utilizador e senha de administrador, este ecrã de login reforça a dedicação do banco para proteger informações sensíveis e controlar o acesso. Ao limitar o acesso do administrador, o Finity Bank aumenta a segurança operacional e a integridade dos dados

Fig 8.3 ADMIN LOGIN

BANCO DIGITAL DE PRÓXIMA GERAÇÃO

Este ecrã apresenta a plataforma bancária digital inovadora do Finity Bank, que fornece aos utilizadores ferramentas abrangentes para a gestão financeira. A plataforma inclui funcionalidades de orçamentação, poupança e investimentos, acessíveis através de uma interface móvel intuitiva. O Finity Bank tem como objetivo revolucionar a banca, oferecendo uma solução integrada e completa para as necessidades financeiras modernas.

FINALMENTE INTERFACE BANCÁRIA

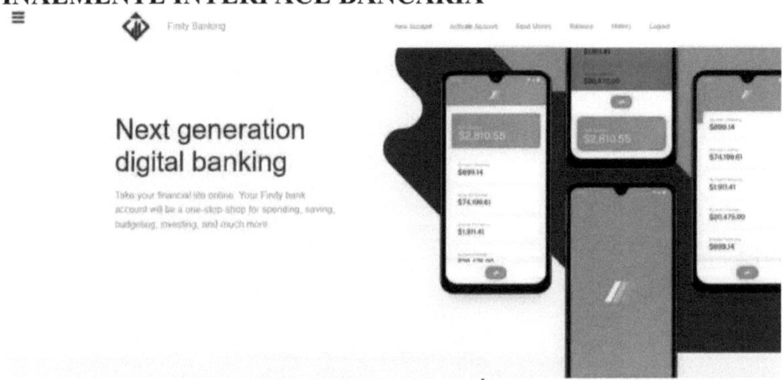

Fig 8.4 INTERFACE BANCÁRIA

A imagem mostra a interface de uma aplicação Web denominada "Finally Banking". Na parte superior, existe uma barra de navegação com opções como Início, Registos de clientes, Pedido, Novo cliente, Histórico de transacções e Terminar sessão. Abaixo, há uma imagem de um edifício bancário clássico, simbolizando os valores tradicionais da instituição.

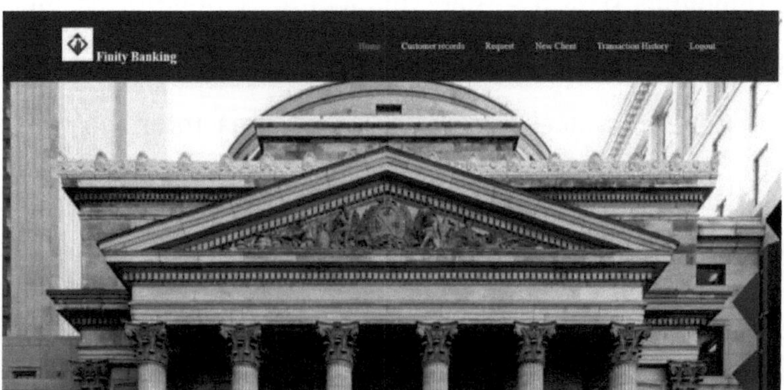

Fig 8.5 PÁGINA INICIAL DO FINITY BANKING

SECÇÃO DO HISTÓRICO DE TRANSACÇÕES

A imagem mostra a interface, é apresentada uma tabela "Transaction History" (Histórico de transacções). Inclui colunas denominadas *De e-mail, De número de conta, De sucursal, De IFSC, Para número de conta, Para sucursal, Para IFSC, Para e-mail* e *Montante.* Estes campos representam as informações detalhadas de cada transação efectuada no sistema.

Fig 8.6 HISTÓRICO DE TRANSAÇÕES

CAPÍTULO 9: CONCLUSÃO E TRABALHO FUTURO

9.1 CONCLUSÃO

Em conclusão, o desenvolvimento de uma aplicação bancária envolve uma compreensão abrangente de várias técnicas de modelação, incluindo diagramas de casos de utilização, diagramas de estado, diagramas de actividades, diagramas de classes, diagramas de sequência, diagramas de fluxo de dados, diagramas entidade-relacionamento e diagramas de arquitetura do sistema.

Cada uma destas ferramentas desempenha um papel vital na captação dos meandros das interações dos utilizadores, dos comportamentos do sistema, do fluxo de dados e da arquitetura global.

Ao utilizar eficazmente estes diagramas, as partes interessadas podem obter informações valiosas sobre a estrutura e a funcionalidade da aplicação, facilitando uma melhor comunicação, melhorando a eficiência da conceção e garantindo medidas de segurança robustas. Em última análise, uma aplicação bancária bem concebida não só satisfaz as necessidades dos utilizadores, como também se adapta à evolução das exigências tecnológicas, promovendo assim a confiança e a satisfação num cenário digital competitivo.

Através de um planeamento cuidadoso e de uma visualização clara, a aplicação pode proporcionar uma experiência bancária segura e sem descontinuidades, que capacita os utilizadores e apoia os administradores nas suas funções.

9.2 FUTURAS MELHORIAS

- Implementação de um sistema de base de dados do mundo real
- Melhorar a eficácia dos protocolos, tanto em termos de número de mensagens trocadas como em termos da sua dimensão.
- Implementar utilizando dois ou mais algoritmos.

CAPÍTULO 10 : REFERÊNCIA

1. Jie, Wanqing, et al. "Um protocolo de pagamento offline seguro e flexível baseado em blockchain". IEEETransactions on Computers, vol. 73, n.º 2, 2024, pp. 408-423. IEEE, doi:10.1109/TC.2023.3331823
2. Salem, Sherif Hamdy Gomaa, et al. "Gestão de identidade biométrica baseada em blockchain". ClusterComputing, vol. 27, 2024, pp. 3741-3752, doi:10.1007/s10586-023- 04180-x.
3. Ying, Ningchen, e Tsz-Wai Wu. "xLumi: Protocolo de canal de pagamento e pagamento fora da cadeia em sistemas de contrato Blockchain." arXiv, 2021, doi: 10.48550 / arXiv.2101.10621v1.
4. Jain, Rubal, e Chander Kant. "Attacks on Biometric Systems: An Overview. " International Journal of Advances in Scientific Research, vol. 1, no. 7, 2015, pp. 283-288, doi:10.7439/ijasr.
5. Aune, Rune T., et al. "Footprints on a Blockchain: Trading and Information Leakage in Distributed Ledgers". Journal of Trading, vol. 12, no. 3, 2017, pp. 513, doi:10.3905/jot.2017.12.3.005

6. Kumar, V. Sravan, et al. "Nuvem bancária com segurança Blockchain e processo de recuperação de erros". NeuroQuantology, vol. 20, no. 10, 2022, pp. 1135511364,
doi:10.14704/NQ.2022.20.10.NQ551100.
7. Mizrahi, Ayelet, e Aviv Zohar. "Ataques de congestionamento em redes de canais de pagamento". arXiv preprint arXiv:2002.06564, 2020, a. doi:10.48550/arXiv.2002.06564.
8. Aryee, Ernest. "Melhorando a segurança do banco móvel por meio da tecnologia Blockchain: Mitigando o acesso não autorizado e protegendo os ativos financeiros". Revista Internacional de Finanças e Pesquisa Bancária, vol. 9, no. 2, 2023, pp. 30-38, doi:10.11648/j.ijfbr.20230902.12.
9. Laila, N. Jeenath, e G. Tamilpavai. "FinBTech: Sistema de autenticação de vídeo e voz baseado em blockchain para maior segurança em transações financeiras utilizando FaceNet512 e modelos de mistura gaussiana." a. arXiv preprint arXiv: 2310.18668v1, 2023, doi: 10.48550 / arXiv.2310.18668v1.

10. Porselvi, A., Anusha S., Meena P. e Nishitha K. "Um sistema bancário seguro através do método de reconhecimento facial". Jornal Internacional de Pesquisa de Engenharia e Tecnologia (IRJET), vol. 8, no. 4, Apr. 2021, pp. 207211,

11. Igboanusi, Ikechi Saviour, et al. "Implementação do lado Blockchain da Pure Wallet (PW): Uma arquitetura de transação offline". ICT Express, vol. 7, no. 4, 2021, pp. 456-463, doi:10.1016/j.icte.2021.08.004. [12]"Otimização de algoritmos de reconhecimento facial tridimensional na autenticação de identidade financeira." International Journal of Computers Communications & Control, vol. 17, no. 3, 2022, pp. 3744, doi:10.15837/ijccc.2022.3.3744.

12. "Autenticação biométrica aprimorada usando o modelo de autenticação biométrica baseado em blockchain". Revista Internacional de Sistemas Inteligentes e Aplicações em Engenharia, vol. 12, no. 7s, 2024, pp. 256-262.

13. Dmitrienko, Alexandra, David Noack e Moti Yung. "Pagamentos offline seguros de Bitcoin assistidos por

carteira com Revogação de gastador duplo". AsiaCCS 2017, ACM, 2017, doi:10.1145/3052973.3052980.

14. Poon, Joseph, e Thaddeus Dryja. "A rede Bitcoin Lightning: Pagamentos instantâneos fora da cadeia escaláveis". Documento da Lightning Network, 2016, doi:10.1109/ITC.2016.7592975.
15. A. K. Naren, Kathirvel, A., e Gobinath V.M. " Chapter 2: Enhancing Digital-Based Technology Planning, Leadership and Management to Transform Education" In Planning Tools for Policy, Leadership, and Management of Education Systems, Hershey, PA: IGI Global, 2025. Doi: 10.4018/979-8-3693-2252-9.ch00
16. Kathirvel, A., Gobinath V.M, A. K. Naren e Saravanan N. " Capítulo 14: Sistemas de saúde baseados em inteligência artificial para animais de estimação e aves " Em Sistemas Inteligentes e Aplicações IoT em Saúde Clínica, Hershey, PA: IGI Global, 2025. Doi: 10.4018/979-8- 3693-8990-4.ch014
17. Gobinath V.M, Kathirvel, A., Subramanian C e A. K. Naren. " Capítulo 13: Melhorar o Digital baseado em IA Planeamento, Liderança e Gestão de Tecnologia

para Transformar a Educação" In Cases on Authentic Assessment in Higher Education, Hershey, PA: IGI Global, 2024. Doi: 10.4018/979-8-3693-1001-4.ch013

18. Kathirvel, A. "Chapter 1: Enhancing Digital Technology Planning, Leadership and Management to Transform Education" In Navigating Innovative Technologies and Intelligent Systems in Modern Education, Hershey, PA: IGI Global, 2024. Doi: 10.4018/979-8-3693-5370-7.ch001
19. Kathirvel, A., A. K. Naren, Subramanian C e Maheswaran C.P. "Chapter 7: Entrepreneurial Strategies for Business Intelligence and Blockchain", In Entrepreneurial Strategies for the Internationalization and Digitalization of SMEs, Hershey, PA: IGI Global, 2024. DOI: 10.4018/979-8-3693-3518-5.ch007
20. Kathirvel, A., A. K. Naren, e Subramanian C. "Chapter 2: Intelligent Serverless Computing Technology and Recent Trends: A Review", em Driving Transformative Technology Trends with Cloud Computing, Hershey, PA: IGI Global, 2024. Doi: 10.4018/979-8-3693-2869-9.ch002

21. Kathirvel, A., A. K. Naren, e Santhoshi B. "Chapter 15: Business Intelligent and Blockchain in Entrepreneurship", In Entrepreneurship Innovation and Education for Performance Improvement, Hershey, PA: IGI Global, 2024. DOI: 10.4018/979-8-3693-7903-5.ch015.
22. Kathirvel, A., A. K. Naren, e Maheswaran C.P. "Chapter 1: Ethical AI Entrepreneurial Strategies for Business Intelligence and Blockchain", In Corporate Social Responsibility Approaches to Ethical AI in Business, Hershey, PA: IGI Global, 2024.
23. Kathirvel, A., A. K. Naren e Santhoshi B. "Capítulo 8: Geração de ideias empreendedoras: Applying Business Intelligence and Blockchain", em Empowering Entrepreneurial Mindsets With AI, Hershey, PA: IGI Global, 2024. DOI: 10.4018/979-8-3693-7658-4.ch008.
24. Kathirvel, A., A. K. Naren, Santhoshi B, e C. P. Maheswaran. "Capítulo 13: Aplicando a técnica de BI e Blockchain no empreendedorismo", em Unleashing the Power of Basic Science in Business, Hershey, PA: IGI

Global, 2024. DOI: 10.4018/979-8-3693-5503-9.ch013

25. Kathirvel, A., e A. K. Naren, "Chapter 7: Applying Business Intelligence and Blockchain in Entrepreneurship", In Generating Entrepreneurial Ideas With AI, Hershey, PA: IGI Global, 2024. DOI: 10.4018/979-8-3693-3498-0.ch007
26. Kathirvel A, e Gobinath V M, "Chapter 3: Artificial Intelligence Based Quality Control in 3D BioPrinting", Biosensors: Developments, Challenges and Perspectives, Springer Nature Singapore Pte Ltd. 2024, 1ª Edição, maio de 2024, pp. , eISBN 978-981-97-3048-3, DOI 10.1007/978-981 -97-3048-3. https://link.springer.com/book/9789819730476#about-this-book
27. Kathirvel A, Gobinath V M, e Annamalai K, "Chapter 1: A Review on Additive Manufacturing in Industrial Environment", Advances in Pre- and PostAdditive Manufaturing Processes, Taylor & Francis Publiser, CRC Press, London, 1st Edition, May 2024, pp. 1-17, doi: 10.1002/9781394216147.ch5, ISBN

9781003428862, DOI 10.1201/9781003428862-1.

https://www.taylorfrancis.com/chapters/edit/10.1201/9 78 1003428862-1/review-additive-manufacturing-industrial- environment-kathirvel-gobinath-annamalai?context=ubx&refId=ab48c513 -b931 -495a-b5e6-ad01b319b42c

28. A. K. Naren, Kathirvel, A., e B. Santhoshi. " Chapter 5: Critical Approaches to Data Engineering Systems Innovation and Industry Application Using IoT" In Critical Approaches to Data Engineering Systems and Analysis, Hershey, PA: IGI Global, 2024.DoI: 10.4018/979-8-3693-2260-4.ch005
29. Kathirvel, A. "Capítulo 14: Aplicações da computação sem servidor: Visão geral sistemática". Em Serverless Computing Concepts, Technology and Architecture, editado por Rajanikanth Aluvalu e Uma Maheswari V., 221-233. ISBN13: 9798369316825 Hershey, PA: IGI Global, 2024. https://doi.org/10.4018/979-8-3693-1682-5.ch014
30. Ayyaswamy, Kathirvel. "Capítulo 1: Enhancing Digital Technology Planning, Leadership, and Management to Transform Education." Em Navigating Innovative

Technologies and Intelligent Systems in Modern Education, editado por Madhulika Bhatia e Muhammad Tahir Mushtaq, 1-9. ISBN13: 9798369353707, Hershey, PA: IGI Global, 2024. https://doi.org/10.4018/979-8-3693-5370-7.ch001

31. Kathirvel, A. "Capítulo 4: Inovação e aplicação na indústria: IoT-Based Robotics Frontier of Automation in Industry Application". Em Internet of Things and AI for Natural Disaster Management and Prediction, editado por D. Satishkumar e M. Sivaraja, 83-105. ISBN13: 9798369342848 Hershey, PA: IGI Global, 2024. https://doi.org/10.4018/979-8-3693-4284-8.ch004
32. Kathirvel, A., e A. K. Naren. "Chapter 4: Diabetes and Pre-Diabetes Prediction by AI Using Tuned XGB Classifier" In Medical Robotics and AI-Assisted Diagnostics for a High-Tech Healthcare Industry, editado por Alex Khang, 52-64. ISBN13: 9798369321058 Hershey, PA: IGI Global, 2024. https://doi.org/10.4018/979-8-3693-2105-8.ch004
33. Kathirvel, A., G. Rithik e A. K. Naren. "Capítulo 11:

Automação da robótica IOT". Em Predicting Natural Disasters With AI and Machine Learning, editado por D. Satishkumar e M. Sivaraja, 224-249. ISBN 9798369322802, eBook ISBN 9798369322819, Hershey, PA: IGI Global, 2024. https://doi.org/10.4018/979-8- 3693-2280-2.ch011

34. Kathirvel A, e Gobinath V M, "Chapter 1: A Review on Additive Manufactuing in Industrial", Modern Hybird Machince and Super Finishing Process: Technology and Application, CRC Publiser/Chapman and Hall, New York, 1st Edition, 2024, ISBN 1032354291, DOI eBook ISBN 9781032354293, https://books.google.co.in/books/about/Modern_Hybrid_ Machining_and_Super_Finish.html?id=I_VW0AEACAA J&source= kp_book_description&redir_esc=y

35. Gobinath V M, Kathirvel A, Rajesh Kanna S K e Annamalai K, "Chapter 5: Smart Technology in Management Industries: A Useful Perspective", Artificial Intelligence Applied to Industry 4.0, Wiley Publiser, EUA, 1.ª edição, julho de 2024, pp.93-106,

doi: 10.1002/9781394216147.ch5, ISBN 978-1-394-21611-6, DOI eBook ISBN ,https://www.wiley.com/en-us/Topics+in+Artificial+Intelligence+Applied+to+Industr y+4+0-p-9781394216116

36. Kathirvel A, and Maheswaran C P, "Chapter 8: Enhanced AI-Based Intrusion Detection and Response System for WSN", Artificial Intelligence for Intrusion Detection Systems, CRC Publiser/Chapman and Hall, New York, 1st Edition, 2023, ISBN 978-100096755-5, 978-103238665-2 DOI 10.1201/9781003346340-8 eBook ISBN 9781003346340, https://www.taylorfrancis.com/chapters/edit/10.1201/978 1003346340-8/enhanced-ai-based-intrusion-detection- response-system-wsn-kathirvel-maheswaran

37. Kathirvel A, Maheswaran C P, Subramaniam M, e Naren A K, "Capítulo 25: Computadores quânticos baseados em sistemas de computação distribuída para a próxima geração: Overview and Applications", Quantum Computers Based on Distributed Computing Systems for the Next Generation, Handbook of

Research on Quantum Computing for Smart Environments, IGI Global Publiser, Hershey, Pennsylvania, USA, March 2023. ISBN13: 9781668466971 ISBN10: 166846697X EISBN13: 9781668466988, DOI: 10.4018/978-1-6684-6697-1.ch025 Quantum Computers Based on Distributed Computing Systems for the Next Generation: Visão Geral e Aplicações: Capítulo de livro de Ciência da Computação e TI | IGI Global (igi-global.com)

38. Kathirvel A , S. Navaneethan e M. Subramaniam, "Chapter 2: Enhanced Intrusion Detection Response And Mitigating Attacks Using Umpiring Security Models For WSN", 1st Edition Security and Privacy-Preserving Techniques in Wireless Robotics, Routeledge Tylor & Francis Group, CRC Publishing, Boca Raton, Florida, USA, doi: 10.1201/97810031564063 ISBN 9780367741730, https://www.routledge.com/Security-and-Privacy-Preserving-Techniques-in-Wireless-Robotics/Tyagi-Abraham-Kaklauskas-Sreenath-Rekha-Malik/p/book/9780367741730

39. D. Sujatha1, M. Subramaniam e A. Kathirvel, "Chapter 11: Class Level Multi-Feature Semantic Similarity Based Efficient Multimedia Big Data Retrieval", ARTIFICIAL INTELLIGENT TECHNIQUES FOR WIRELESS COMMUNICATION AND NETWORKING, Scrivener Publishing, John Wiley & Sons, Hoboken, New Jersey, USA doi: 10.1002/9781119821809.ch11 ISBN: 978-1-119-82127-4 https://www.wiley.com/en-us/Artificial+Intelligent+Techniques+for+Wireless+Com munication+and+Networking-p-9781119821274
40. Kathirvel A , S. Navaneethan e M. Subramaniam, "Chapter 19:EIDR Umpiring Security Models for Wireless Sensor Network", ARTIFICIAL INTELLIGENT TECHNIQUES FOR WIRELESS COMMUNICATION AND NETWORKING, Scrivener Publishing, John Wiley & Sons, Hoboken, New Jersey, USA doi: 10.1002/9781119821809.ch19 ISBN: 978-1119-82127-4 https://www.wiley.com/en-us/Artificial+Intelligent+Techniques+for+Wireless+Com munication+and+Networking-p-9781119821274

41. Kathirvel A, Debashreet Das, Stewart Kirubakaran, M. Subramaniam e S. Navaneethan, "Chapter 13: AI Based Mobile Bill Payment System using Biometric Fingerprint", RECURRENT NEURAL NETWORKS CONCEPTS AND APPLICATIONS, 1st Edition, CRC Press, Boca Raton, Florida, USA, doi: 10.1201/9781003307822-16 ISBN 9781032081649, https://www.routledge.com/Recurrent-Neural-Networks- Concepts-and-Applications/Tyagi-Abraham/p/book/9781032081649

42. Kathirvel A , Sabarinathan C, Saravanan N, Ramesh S, Meera, Karnavel K e Sudha D, "Chapter 9: Artificial Intelligence-Based Bill System: Fingerprint Mechanism", METHODS, IMPLEMENTATION, AND APPLICATION OF CYBER SECURITY INTELLIGENCE AND ANALYTICS, IGI Global Publiser, Hershey, Pennsylvania, USA ISBN13: 9781668439913 ISBN10: 1668439913 EISBN13: 9781668439937 doi: 10.4018/978-1-6684-3991-3.ch009 https://www.igi-global.com/chapter/artificial-intelligence- based-billing-system/306864

43. Dai, Weiqi, et al. "SBLWT: Uma carteira leve e segura de blockchain baseada em TrustZone." IEEE Access, vol. 8, 2018, pp. 15883-15894, doi:10.1109/ACCESS.2018.2886764.
44. Fagbolu, Olutola O., et al. "Operações bancárias seguras com caixas automáticos baseados na face". Revista Internacional de Ciência, Engenharia e Tecnologia Inovadoras (IJISET), vol. 1, n.º 10, Dez.2014, pp. 207214
45. Şahan, Sercan, Adil Furkan Ekici, e Şerif Bahtiyar. "Uma estrutura de autenticação multifator para acesso seguro ao Blockchain." Anais da Conferência Internacional de 2019 sobre Tecnologias e Aplicações de Computador (ICCTA), ACM, 2019, doi: 10.1145/3323933.3324083.
46. Ramakrishnan, R., e C. Lakshmi. "Revelando o mundo dos gateways de pagamento on-line". International Research Journal of Engineering and Technology (IRJET), vol. 10, n.º 7, julho de 2023, pp. 288-293
47. Janaki, E, Kathirvel, A., Naren, A. K., & Ismail M. (2024). Utilizar o tempo ocioso para clusters de trabalho

reduz Inventário e tempo total de conclusão do trabalho para programação de máquina única, Avanços na tecnologia robótica, 2 (1), 1-8. DOI: 10.23880/art-16000119.

48. Kathirvel, A., Naren, K., Nithyanand, D. & Santhoshi, B. (2024). Visão geral da tecnologia 5G: Experiências simplificadas de eventos virtuais. Avanços em Tecnologia Robótica, 2(1), 1-8. DOI: 0.23880/art-16000109.
49. Kathirvel,N. Bharat, Santhoshi,, Kathirvel, A., & Maheswaran,C. P.(2024). Artificial general-internet of things (AG-IOT) para robótica de automação. Análise sistémica, 2(1), 59-76.
50. Kathirvel, A., Gopinath, V. M., Narcn, K., Nithyanand, D. & Nirmaladevi, K. (2024). Manufacturing Smart Industry Perspective an Overview. American Journal of Engineering and Applied Sciences, 17(1), 3339. https://doi.org/10.3844/ajeassp.2024.33.39
51. Gobinath, V., M., Kathirvel Ayyaswamy, e Naren Kathirvel. 2024. "Information Communication Technology and Intelligent Manufacturing Industries

Perspective: An Insight" Asian Science Bulletin 2, no. 1: 36-45. https://doi.org/10.3923/asb.2024.36.45

52. Kathirvel Ayyaswamy, e Gobinath, V., M.,. 2023. "Performance Improvement of Unicast Reactive Routing Protocols in MANETs", Open Access Journal of Mathematical and Theoretical Physics, Vol 4, no. 1, pp: 1-7.
53. Kathirvel. A, Blesso Danny J, Shalem Preetham, Hinn Joe T O, Kennedy Roak C, e Immanuel Aldrin J (2023), "Systematic Number Plate detection using improved YOLOv5 detetor", Institute of Electrical and Electronics Engineers Inc publisher, ISBN 979835034798-2, DOI 10.1109/ViTECoN58111.2023.10157727.
54. Kathirvel. A, e Mavuri Shobitha (2023), "Digital Assets Fair Estimation Using Artificial Intelligence", Institute of Electrical and Electronics Engineers Inc publisher, ISBN 979-835034798-2 DOI 10.1109/ViTECoN58111.2023.10157310.
55. Kathirvel. A, e Pavani Ale (2023), "Machine Learning and Deep Learning Algorithms for Network Data

Analytics Function in 5G Cellular Networks", Institute of Electrical and Electronics Engineers Inc publisher, ISBN 979-835039849-6 DOI 10.1109/ICICT57646.2023.10134247.

56. Bhupathi Jeevana Sree Harshita , & Dr. A. Kathirvel. MMF Clustering: A On-demand One-hop Cluster Management in MANET Services Executing Perspective, International Journal of Novel Research and Development, ISSN:2456-4184, Vol.8, Issue 4, pp.127132, April-2023.

57. Kumari, Sujatha B. A., e Sadaf Farheen. "Segurança de dados baseada em blockchain para sistema de transações financeiras." Anais da Conferência Internacional sobre Computação Intcligente e Sistemas de Controle (ICICCS 2020), IEEE, 2020, doi: 10.1109 / ICICCS48265.2020.9121108.

Detalhes do autor

Dr. KATHIRVEL AYYASWAMY

Nasceu em Erode, Tamilnadu, Índia. Obteve o grau de bacharelato em Engenharia na Faculdade de Engenharia V.M.K.V., Universidade de Madras, Chennai, em 1998, e o grau de mestre em Engenharia na Faculdade de Engenharia Crescent, Universidade de Madras, Chennai, em 2002, ocupando a 7.ª posição na Universidade. Obteve a medalha da Universidade e o prémio de melhor projeto nos seus estudos de pós-graduação. Obteve o grau de doutoramento na Universidade de Anna, Chennai, em 2010. Tem uma experiência de ensino, investigação e administração de mais de 26 anos em várias faculdades de engenharia, instituições autónomas e universidades.

Atualmente, trabalha como Professor de Informática e Engenharia no Tagore Engineering College, em Chennai. Trabalhou como conferencista, conferencista sénior, professor assistente, professor, DEAN e professor e diretor em várias instituições. Publicou mais de 150 artigos em conferências nacionais e internacionais e em revistas internacionais. Trabalha como membro do conselho científico e editorial de muitas revistas. Reviu dezenas de artigos em muitas revistas. É autor de 14 livros e 29 capítulos de livros. Publicou também uma monografia de investigação da LAP Lambert Academic Publishing GmbH & Co., Alemanha, Europa, baseada na sua tese de doutoramento intitulada "Umpiring Security Model and Performance improvement on MANETS", com um custo de 110,35 euros. Os seus outros dois livros são Introduction to GloMoSim e Prevention of Attacks using Umpiring Security Model for MANETS, LAP Lambert Academic Publishing GmbH & Co., Alemanha. Europa.

É membro vitalício do ISTE (Índia), membro sénior do IACSIT (Singapura), membro vitalício do IAENG (Hong Kong), membro do ICST (Europa), IAES, membro do IEEE e ACM. Deu uma série de palestras e seminários, workshops e simpósios como orador convidado/especialista. Visitou o Dubai, Abu Dhabi e Omã para apresentar os seus trabalhos de investigação em várias conferências internacionais. A sua biografia foi publicada na 29.ª edição do Marquis's Who's Who in the World em 2012. Também orientou mais de 3 dúzias de projectos (B.E/B.Tech/M.E/M.Tech/MCA) em várias faculdades de engenharia. Sob a sua orientação, 6 estudantes concluíram o doutoramento e 8 estão a fazê-lo. Deu muitas palestras/palestras convidadas/palestras plenárias em várias conferências nacionais e internacionais e presidiu a muitas sessões. Os seus interesses de investigação são o desenvolvimento de protocolos para redes ad hoc sem fios, segurança em redes ad hoc, comunicação e redes de dados, computação móvel, redes sem fios e redes tolerantes a atrasos.

Dr. ANTHONY RAJ .A

Recebeu o seu diploma U.G. do Sacred Heart College, Universidade de Madras, Chennai, em 2000, e os seus diplomas P.G. (M.Sc & M.Phil) do Loyola College, Universidade de Madras, Chennai, em 2003. O seu doutoramento foi obtido na Universidade de Bharathidasan, Trichy, em 2020. Tem uma experiência de ensino, investigação e administração de mais de 21 anos em várias faculdades de engenharia e instituições autónomas.

Atualmente, trabalha como Professor Assistente no Departamento de Matemática do Panimalar Engineering College, em Chennai.

Sr. NAREN KATHIRVEL

Nasceu em Erode, Tamilnadu, Índia, e licenciou-se no Instituto Anand de Tecnologia Superior da Universidade Anna. Os seus interesses de investigação são o desenvolvimento de protocolos para segurança em redes, comunicação de dados e redes, e redes tolerantes a atrasos.

Dr. ANBARASAN MURUGESAN

Obteve o grau de Bacharel em Ciências e Engenharia Informática pela Universidade de Anna, Índia, em 2005 e o grau de Mestre em Ciências e Engenharia Informática pela Universidade de Anna, Índia, em 2011. O seu doutoramento foi obtido na Universidade de Anna, em Chennai, em 2019. Ele tem experiência de ensino, pesquisa e administração de mais de 18 anos em várias faculdades de engenharia e instituições autônomas. Atualmente, trabalha como Professor na Faculdade de Engenharia de Saveetha. Ele trabalhou como professor, professor assistente, professor associado em várias instituições. Publicou mais de 23 artigos em conferências nacionais e internacionais e em revistas internacionais. Trabalha como membro do conselho científico e editorial de muitas revistas. Reviu dezenas de artigos em muitas revistas. É autor de um capítulo de livro. É membro vitalício da ISTE (Índia), membro vitalício da IAENG (Hong Kong), membro da IAES e membro vitalício da CSI. Participou em muitas conferências nacionais e internacionais e presidiu a muitas sessões. Os seus interesses de investigação incluem redes ad hoc, segurança de redes e aprendizagem automática.

MIX
Papier aus verantwortungsvollen Quellen
Paper from responsible sources
FSC® C105338

Printed by Books on Demand GmbH, Norderstedt / Germany